夏承焘 著

周笃文 选注

# 天风阁词选

北方联合出版传媒（集团）股份有限公司
辽海出版社

图书在版编目（CIP）数据

天风阁词选 / 夏承焘注；周笃文选注. —沈阳：辽海出版社，2019.6
ISBN 978-7-5451-5455-9

Ⅰ. ①天… Ⅱ. ①夏… ②周… Ⅲ. ①词（文字）—注释—中国—古代 Ⅳ. ①I222.82

中国版本图书馆 CIP 数据核字（2019）第 101147 号

| | |
|---|---|
| 出 版 者： | 北方联合出版传媒（集团）股份有限公司<br>辽 海 出 版 社<br>（地址：沈阳市和平区十一纬路 25 号　邮编：110003） |
| 印 刷 者： | 辽宁新华印务有限公司 |
| 发 行 者： | 北方联合出版传媒（集团）股份有限公司<br>辽 海 出 版 社 |
| 幅面尺寸： | 170mm×240mm |
| 印　　张： | 13.5 |
| 字　　数： | 200 千字 |
| 出版时间： | 2019 年 8 月第 1 版 |
| 印刷时间： | 2019 年 8 月第 1 次印刷 |
| 特约编辑： | 朱昌元　顾冰峰 |
| 责任编辑： | 马千里　王庆芳　李　丽　王　维　甄　贞 |
| 装帧设计： | 吴光前 |
| 责任校对： | 赵晓云 |
| 书　　号： | ISBN 978-7-5451-5455-9 |
| 定　　价： | 42.00 元 |

购书电话：024-23285299
开发部电话：024-23285788
网　　址：http://www.lhph.com.cn
版权所有，翻印必究
法律顾问：辽宁申扬律师事务所　李晓蕾
如有质量问题，请与印刷厂联系调换
印刷厂电话：024-31255233
盗版举报电话：024-23284481
盗版举报信箱：liaohaichubanshe@163.com

夏承焘先生1985年在周笃文先生家中（摄影：张静）

1975年在西山
左起：周笃文、张伯驹、夏承焘、任二北、潘素、萧钟美、萧夫人、
吴闻、黄君坦、徐邦达、周汝昌。（摄影：张静）

1976年在北海
左起：冯统一、施宝华、吴闻、夏承焘、潘素、黄君坦、
周笃文、周汝昌、张静、李今

# 序

周笃文

　　夏承焘先生是现代词学研究的主要奠基人和杰出的诗词家。他生于1900年，青年时代经受了五四思潮的洗礼，既深研国学又广纳新知。20世纪30年代他与学友龙榆生、任中敏、唐圭璋诸先生在《词学季刊》上发表一系列的论著，可说是现代词学奠基性的工程。他突破了随感式的诗文点评传统，以缜密的分析、归纳、推理、判断构建了一个宏大的词学体系，特别是在谱牒、词乐、词律研究上取得了超越前贤的重大创获。张尔田评曰："湛深谱牒之学。文苑春秋，史家别子，求之近古，未易多靓。"赵百辛更云："十种并行，可代一部词学史。"（皆见《天风阁学词日记》所录）夏先生对姜白石十七首自度曲旁缀乐谱的解译与乐理研究，能用姜氏之制明姜氏之说，创通条例，而成一家之言。詹安泰先生在《词学论稿》中诩为"均具特识，足资参酌"，唐圭璋先生在《历代词学研究述略》中称赞夏先生的研究著述"搜罗既广，考证亦精，实为词学研究者必读之要籍"。

　　夏先生对于词艺形式的研究也做出了开拓性的贡献。他的《词例》一稿始自1932年，讫于1979年。意欲仿照俞樾所校经、子诸书的平议及高邮王氏父子《读书杂志》之法，以治唐宋词。对于词之用韵、协声、分片、换头、起结、领字与用典等形式结构问题做了系统的研究与评价。引例丰赡，论断精妙，极具启发性。

　　夏先生的《天风阁词》就是建立在如此湛深的学养与超卓的才情基础上的。这是一部才学兼胜、境界高远、密切反映时代的杰作，是夏先生留给后人的又一份珍贵遗产，值得我们珍视与学习。下面拟就创作历程、开拓、词艺特色等三个方面试加缕述，请专家、读者不吝赐教。

## 一

　　夏承焘先生写词历史长达60多年，大致可以1949年为界，分前后两个阶段。1949年前的30多年是其逐步成熟、走向辉煌的重要时期，按其发展经过，可分为少年、青年与中年三个时期。夏先生作词起步很早，起点很高。少年时期即已崭露头角,表现出少有的天才与清丽苕秀的风格。他在《天风阁词集》前言中自言:"予年十四五始解为诗,偶于学侣处见《白香词谱》,假归过录,试填小令。张震轩师尝垂赏《调笑令》结句'鹦鹉鹦鹉,知否梦中言语'二句,以朱笔加圈。"这是他的第一首作品,作于温州师范。虽然才十五六岁,却能透过一层用笔,意谓我说出来的你能学舌,我梦中的言语你能知道吗?化用唐诗,活泼而又含蓄,可谓巧于构思。温师三年的其他词作,如"昨夜东风今夜雨,催人愁思到花残",以及他写赠其初恋的女郎——钱蘅青的《菩萨蛮》"酒边记得相逢地,人间更没重逢事。辛苦说相思,年年笛一枝"、《高阳台·杨花》"钟情难觅飘零梦,枉匆匆转队成毬"等,皆清秀颖妙,把少年词人的绮丽情怀写得楚楚动人。

温师毕业后的十年,是其青年时代,也是他词风发展的重要阶段。这时他已结束学习,走向社会,走向工作岗位。他与当地诗人梅冷生、陈仲陶等深相结纳,时有唱和。这时他还与温州道台、名词人林铁尊相识,参加了瓯社的创作活动,并得到朱古微、况蕙风的指导。再加上五四新文化运动的影响,使他大开眼界,立志做一个有益于时代的诗人。他在《学词日记》中写道:"翻旧年诗词草,自嫌诗境卑卑,无元龙百尺楼气概。"因作自警诗云:"作诗也似人修道,第一工夫养气来。"决心要洗刷其偏于婉约的少年风格,创出新的门径来。这当中5年西北壮游,对其风格转变起了重要作用。1921年底至1925年秋,他在陕西担任中学及大学的教职,汉唐故都的风采,黄河华岳的雄姿,历史的辉煌与现实的苦难,在他心中形成了巨大的反差与强烈的冲击,词风一变而为清壮悲凉。如《清平乐·鸿门道中》:"吟鞭西指,满眼兴亡事。一派商声笳外起,阵阵关河兵气。 马头十丈尘沙,江南无数风花。塞雁得无离恨,年年队队天涯。"又如《鹧鸪天·宿潼关》:"过眼秦皇与汉皇,马头但有路尘黄。扫眉人唱三峰媚,折臂翁耕百战场。 风浩荡,劫苍茫。旁观莫笑客郎当。贾生涕泪无挥处,要上潼关看夕阳。"伤时念乱的长悲大喟,一扫昔日的儿女风华,声情激楚,可以裂竹。

此后的严州(浙江建德)客旅,三年教学生涯,夏先生寄情山水,创作了一批清逸高远的作品,基本上奠定了他在词坛上的地位。

夏先生的中年词作,是指1930年至1949年这20年间的作品。这时他执教于之江、浙江诸大学,主要精力用于科研与教学,创作相对少些。但由于日寇入侵,民族危机加剧,激于爱国义愤,他创作了不少反映时代的佳作,成为他在词创作上的一个高峰。这时期他的词风也日趋清刚激越。1930年秋承邵潭秋之介,夏先生从严州山水之窟来到西子湖畔的之江大学任教,清幽的环境,优裕的生活,渊雅的同事,为词人打开了生活的新局面。流诸笔墨,便有无尽的欣悦。如《望江南·自题月轮楼》:

秦山好,带水绕钱塘。一道秋光天上下,五更潮信月苍茫。窗户挂银潢。

秦山好,飞观俯西兴。沧海未生残夜日,鱼龙来唼半江灯。人在最高层。

这些正是他当时生活的写照。然而之江并非象牙之塔。东北的沦陷、沪上的事变以及接踵而至的危机,极大地激起了词人的义愤,他创作了大批忠义愤发的词章。如《满江红·答任二北》:"辽鹤归来,故乡事、伤心忍说。……照我横磨歌出塞,榆关今是谁家月。叱岛夷、浮海戴头来,吾无慑。"《贺新郎·承德失守》:"醒来铅泪纷成把。念陇头惊沙千斛,边声万马。南渡湖山巾屦盛,日日歌围酒社。天水恨,花应能话。换了尊前筝笛耳,听北风鼓角从天下。香影拍,忍重打。"《水龙吟》(谒叶水心墓,时闻南京沦陷):"九原人比山高,海云过垄皆奇气。……沉陆相望何世,送千鸦、苍茫天水。遮江身手,可堪重听,石城哀吹。临夜回飚,排闾余愤,定惊山鬼。待铜铙伴打,收京新曲,唤先生起。"这时夏先生为激扬士气,还创作了一批《军歌》,例如:

不战亦亡不如战,争此生死线。全中国人戴头前,全世界人刮目看。战战战!

火海压头昂头进,一呼千军奋。左肩正义右自由,挽前一步死无恨。进进进!

此外,作者避寇入雁荡时,还写了一些气奇格高、不同凡响的作品。如《清平乐·常云峰访无闻》:

啸声天半,酌斗浇河汉。赠我长筇龙欲变,咒起身云千片。　四更奔走山灵,海舟万里都惊。谁放峰头光怪,先生枕上诗成。

中华人民共和国成立时,夏先生已年过五十。作为一个饱经世乱的正直学者,他衷心欢迎解放,对新社会很有好感。他以饱满的热情从事诗词创作,同时也感到有必要探索新的道路,以表现社会的巨变。如其《满江红·赠止北》云:"五十开端,趁未老,共君抖擞。正眼前、乾坤重整,奇功初就。"

其《卜算子·己亥年正月十一日六十生日》词云:"五十九年非,猛悔如何改?试上层楼望晚江,西日多奇彩。　昨岁约飞空,何日真横海?戏与儿童画字看,拄杖将成乃。"

又描写北京看节日焰火的《玉楼春》云："归来枕席馀奇彩,龙喷鲸呿呈百态。欲招千载汉唐人,同俯一城歌吹海。　天心月胁行无碍,一夜神游周九塞。明朝虹背和翁吟,应有风雷生磬欬。"

又《好事近·原子弹爆破》:

云外迸惊霆,振撼梦中海岳。吹堕天庭一纸,闻战神夜哭。　海东回首赤旗高,扶桑满红旭。看合涛头万弩,折毒龙牙角。

又《水调歌头》(赠德国友人施华滋):

秋水不能画,西子有明眸。醉人千顷波碧,临境欲横流。待续坡翁俊语,宜雨宜晴而后,谁识更宜秋。三月碧桃水,且莫酿春愁。　攀斗柄,探月窟,壮哉游。故人相望何处?万里海西头。争似断桥吹笛,携得波光西子,招手落双鸥。让汝广寒阙,容我占湖楼。

在词人眼中,西子湖畔的人文胜概,并不亚于攀星揽月的壮游。奇情妙想,真是匪夷所思。这一期的作品在歌颂之外,也有沉哀入骨的悲吟。如对任铭善的悼念就是一例。铭善是夏老执教之江时的学生,高才妙质而不能谐俗,1957年卒遭排摈,后屈死于"文化大革命"中,年仅54岁。夏先生为作《玉楼春·悼无受》:"廿年旧事倾襟抱,半夜屏风伸脚倒。共伤才子早生天,七十尘容还耐老。　吴山眉黛如新扫,永忆湖楼窗户好。临平冷月梦回车,单舸闹红愁打稿。""临平"指任之墓地。到1979年夏先生又写诗悼念:"拥鼻听吟逼侧行,路人都怪气纵横。高年厚福君无分,论定长沙一贾生。"痛惜之情,真是沉哀入骨了。对于1957年"反右运动",夏先生是很有看法的,曾写诗批评:"敢想容易敢说难,说错原来不等闲。一顶帽儿头上戴,搬它不动重如山。"生性谦和忍让的老先生,眼见人才被摧残和陨灭,再也无法缄默了。收入《天风阁词集》前后编的作品共480首,皆作者生前手订,其他见于日记或他书的词作大约也接近此数,总计当在千首左右。无论数量与质量,夏先生应是20世纪当之无愧的词坛巨擘。

## 二

夏先生的创作誉满词坛,并世词家殆罕其匹。朱古微称其词:"历落有风格,绝非涂附秾丽者所能梦见。题梁汾词扇一阕尤胜,私庆吾调不孤。"(《天风阁学词日记》一九三〇年十二月五日所附彊村先生来书)夏敬观亦云:"永嘉夏瞿禅承焘,深于词学,考据精审……其词秾丽密致,符合轨则,盖浙中后起之秀也。"(《忍古楼词话》）又称秦望山《水龙吟》、桐庐《浪淘沙》二词，"皆绝去凡响，足以表见其襟概"。汤国梨则云："既读瞿髯词，凄情顿挫，万感横集，奇思壮采，今人岂让古人哉！"（《奇思壮采　万感横集》）张尔田更云："尊词于朋好中，胎息神骨俱臻超绝。昔大鹤丈盛推武林陈伯弢词，谓楚材高骞，非吴下阿蒙，恨其未见君作也。"（《天风阁学词日记》一九三八年七月七日所附张尔田来书）可谓推许备至。

　　夏先生是20世纪的文化巨人，他的成就是多方面的。程千帆先生认为："此老之于词学有不可及者三：用力专且久，自少至老，数十年如一日。平生旁搜博考，悉资以治词……一也。以清儒治群经子史之法治词……前修未密，后出转精，当世学林，殆无与抗手者，二也。精于词学者，或不工于作词；工于词者，又往往不以词学之研究为意。故考订、词章，每难兼擅，而翁独兼之，三也。"（《论瞿翁词学》）可谓至确至当之定评。夏先生从20世纪20年代起攻治词人谱牒、音律之学。他的独创性研究，轶宋超清，为现代词学理论奠定了坚实的基础，成为我们这些治词者必经的阶陛。

　　由于他湛深词学，洞悉其发展学源流，故在填词的定位与风格的追求上，能于高处着眼，大处着墨，具有历史的眼光与时代的自觉。他与一般附庸风雅、吟讽花月的旧式文人名士不同，他是以学者的鉴裁与词人的文心，刻意追求新的突破。一切文艺应以创新为第一要务，因循守旧则是文艺的悲哀，夏先生从青年时代起，就立志摸索与时代相称的属于个人的诗词风格。

　　清代，特别是晚清，词风昌炽，百家腾跃，主持坛坫者多为学人，如张惠言、周济、谭献、龚自珍，以及朱古微、况蕙风、张尔田、王国维等，莫不雄于才而邃于学。因得探其本原，明其正变，上开骚雅而下开新局。夏先生是幸运的。他虽僻处海隅，但少年时就脱颖而出，得到张震轩、林铁尊等名家的栽培，并进而获得了朱古微、况蕙风的指导。青年以后更与朱、况、吴（梅）、张（尔田）诸老辈，以及龙榆生、唐圭璋、任半塘、吴鹭山诸学友切磋请益，这就为他词艺的发展提供了很好的条件。他说自己对词的兴趣，源于老师的鼓励，他对琦君说："我十几岁作的第一阕《如梦令》，那时老师在两句边上密密地加了圈，连声夸我作得好，真使我感激万分。从那时起，我马上下定一生要研究词的决心。"（琦君：《三十年点滴念师恩》）如何才能写出好的诗文呢？他说："第一要培养对万事万物的关注。能关注才会有灵感……他又吟起词来：短策暂辞奔竞场，同来此地乞清凉。若能杯水如名淡，应信村茶比酒香。无一语，答秋光。愁边征雁忽成行，中年只有看山感，西北阑干半夕阳。"（琦君：《三十年点滴念师恩》）夏先生作词悬鹄甚高，不以小成就为满足。要求自出机杼，不依傍古人。其《自赠》诗云："古如无李杜，我亦解高吟。莫拾千夫唾，虚劳一世心。江湖秋浩荡，魂梦夜飞沉。脱手疑神助，青灯似水深。"其抱负可见。又其1928年《学词日记》云："阅现代名人传，屡有感动……曰汩没其精神于故纸中，不能扩其目光于斯世。明年忽已三十，我其终为一乡一邑之人乎？"1929年日记云："思中国词中风花雪月、滴粉搓酥之辞太多……求若拜伦哀希腊等伟大精神，中国诗中当难其匹……以后作词，试从此辟一新途径。王静安谓李后主词有释迦、基督代人类负担罪恶意，此语于重光为过誉。中国词正少此一境也。"其1939年9月日记云："夜读王逢原诗，因成一词，思以韩王诗笔为词，取材在寻常词苑之外，为苏辛再开生面。"句有"九衢尘底千虫倮，火狱当前堕……层冰积雪满高坤，安得手提天下上昆仑"（《虞美人》）。基于这样的思路，夏先生刻意追求着一种词的新声情、新意境和新气象。它是以清刚为骨，奇崛为神，深折为姿态而戛然独造自成一家的。如《金缕曲》（题顾梁汾词扇）："展卷寒芒立，有当年、河梁凄泪，扪之犹湿。比赎蛾眉艰难事，多此几行斜墨，便万古神暗鬼泣。何物人间情一点，长相望、旷劫通呼吸。携酒问，贯华石。"又《清平乐·常云峰访无闻》："啸声天半，酌斗浇河汉。赠我长筇龙欲变，咒起身云千片。　　四更奔走山灵，海舟万里都惊。谁放峰头光怪，先生枕上诗成。"如此笔墨襟抱，确乎是词坛未有之境。

作为一位名满天下的大学者、别开生面的大词家，夏先生对诗词的改革也很关心。在他与林庚白的通信中，他认为诗词用韵可以"国音为标准"，"宋人用方音填词不足法"。他还认为"各体文事，势不能不变。时下有人哓哓以更新体貌为言，而不知变换其神理，驯致内容之腐滥……时下之白话诗词大多不足称文艺"。60年前的这些观点，今天仍有参考价值。夏先生就是这样一位能将学者的识鉴与词人的才情紧密结合、不断探索诗词的新定位的自觉开拓者。他自承作诗"于昌黎取炼韵，于东坡取波澜，于山谷取造句"，填词则欲"合稼轩、白石、遗山、碧山于一家"（《天风阁词集·前言》）。纵观夏先生词作，确能摄取山谷的瘦硬、白石的清刚，复参以东坡、稼轩的雄旷与宏肆。夏先生是折衷刚柔、含纳豪婉，以健笔写奇情而独放异彩的一代巨匠。

## 三

　　夏先生在谈到填词风格时说："宋词有深远坚苍一种，与唐五代之婉丽靡曼者不同。予好以宋诗意境入词，欲会唐词宋诗为一体。"用宋诗笔法写唐五代词中意境，这就是刚健清奇的承熹体。姚鹓雏在赠夏老的《玉楼春》中写道："辛姜一手阳春曲，咫尺便看追玉局。兴来平地看青春，诗入空肠歌绿萼。　　君词多骨我多肉，瘦硬通神君所独。与君同合字臞仙，昔有吴侬歌裂竹。"指出了他对苏辛、白石的继承与瘦硬通神的特点。

　　奇创性可说是夏词的首要特色，如写桐庐江行的夜色："万象挂空明，秋欲三更。短篷摇梦过江城。可惜层楼无铁笛，负我诗成。　　杯酒劝长庚，高咏谁听？当头河汉任纵横。一雁不飞钟未动，只有滩声。"（《浪淘沙》）写武汉大桥通车："人间天上两星桥，江汉正秋宵。黄鹤不须招，看人比江楼更高。　　红旗舞处，人民事业，千古浪难淘。容我伴诗豪，挟白月飞过怒涛。"（《太常引》）又如题王船山手稿词："六经生面，岩壑书成关世变。宙合苍茫，并世相望有顾黄。　　风云叱咤，红紫江山环讲座。不待扶筇，开卷光芒见祝融。"（《减兰》）皆骨采骞腾，想落天外，令人有观止之叹。

　　深折是夏词的第二个特点。文艺贵变，层次、曲折与错综是服膺于变化的需要的。一览无馀，一泻到底不是艺术，一唱三叹才是艺术的高境。夏词于此极见功力。如《清平乐·黄河舟中》："离心东注，一派茫茫去。料得剪灯楼上语，今夜春寒几许？　　枕边数拍哀筎，酒醒且莫思家。只在深闺梦里，几曾身到天涯。"词写新婚别后对妻子的思念，却不从正面写，而移位到对方——写剪灯人对自己的惦记。明明是行经在浊浪排空的黄河天际，却说成只在深闺梦里。以深折之笔出之，既含蓄又浑成，自是高境。另如《临江仙·将入雁荡寄心叔》："挥手山楼灯火伴，音书南北都稀。阿连最少最相思。观身因悟易，临事见能诗。　　岁岁扁舟苔雪约，几番开谢梅枝。梦中台荡有归期。一筇如忆我，双笛更邀谁？""心叔"即任铭善，是夏老最器重的门人，词里比之为谢惠连。"一筇"两句，意谓你如想我这个扶杖的老人，就快来雁荡伴我吹笛吧。倒折用笔，便觉意足层深。其《浣溪沙》写湖窗景色云："湖上游人羡画阑，午风似酒坐忘还。帘波诗思有无间。　　知画修蛾谁最好，但愁幽兴各无闲。家家分绿看吴山。"下片三句是说，尽管有最美的佳人，也无暇追求，因为大家都被吴山的春绿吸引住了。湖山之美就这样巧妙地渲染出来了。其《菩萨蛮》云："百年作计归来早，宫桥杨柳风先扫。何路问关山，山山鹃血斑。　家乡多翠竹，让与霜禽宿。莫访淡妆人，天寒倚市门。"此词上片谓沦陷山河，处处血痕；下片所言倚市门之淡妆人，则指投向汪伪的旧友。用比兴寄托之手法，表示痛惜与绝交。意严而笔婉，当细心体会。

理趣是夏词的又一显著特点。夏先生耽嗜哲理，于佛学、理学造诣很深，对西洋哲学也下过相当的功夫，故其词中往往洋溢着理趣与对人生的觉解。如：

过雨春溪万佩鸣，草虫能学鼓琴声。溪头侧耳有牛听。　隔水数峰犹在定，过桥孤杖莫相惊。滩风到面小诗成。（《浣溪沙·灵峰晓行》）

门外苏堤接白堤，窥门好鸟四时啼。吟人笔下有花枝。　霜雪不惊容阅世，声华渐淡可言诗。西风酒面立移时。（《浣溪沙·压堤桥赏荷》）

欲话西湖各怆神，巫夔归路亦兵尘。重温旧梦真如画，不洒新亭要有人。诗脱手，酒沾唇，何须攀柳更逡巡。疏梅筋骨凭君看，数点能回天地春。（《鹧鸪天·送成业诸生西行》）

第一首写人与自然的契合，第二首写勘透声华的道心，第三首写"数点能回天地春"的生机，皆意味深长，具有儒门与释迦气象。夏先生词作与一般骚人名士不同，充满衮衮天机，有一种高远进取的精神。他在一首诗中告诫友人"莫向西风添苦语，四山红叶正如春"，正是这种胸次、气概，使他在词坛上别开生面、度越前人，成为一座耸入云霄的高峰。

夏先生的词学研究与创作都取得了震灼古今的成就，在20世纪的词林中堪称独步。王季思先生在唁电中称他："一代词宗，芳流海外。等身著作，光照人间。人生到此，可以无憾。"可谓定评。深入学习这份词学遗产，继承他的宝贵经验，以提高当前的词学研究与创作水平，有着现实的意义。

今天，当我们再读夏词，不能不为中华文化的博大而自豪，不能不为夏先生的爱国情怀与民族精神所感动，不能不为夏先生为传承中华文化文脉所作的努力而感佩。正如习近平总书记所说："中华文明绵延数千年，有其独特的价值体系。中华优秀传统文化已经成为中华民族的基因，植根在中国人内心，潜移默化影响着中国人的思想方式和行为方式。今天，我们提倡和弘扬社会主义核心价值观，必须从中汲取丰富营养，否则就不会有生命力和影响力。"

当前，我们国家正进入一个高速发展的时期，百馀年来人们渴望的强国之梦正在变成现实，但要真正实现中华民族的伟大复兴仍需要不懈努力。优秀的传统文化是一个民族的精神与灵魂，是提升民族凝聚力的核心，作为一个后辈学者，责无旁贷，故欣然应允辽海出版社马千里先生的约稿，对夏承焘先生的《天风阁词选》进行了再整理，精选了夏先生200首代表作。因我有缘追随夏先生十有馀年，对一些诗词的背景比较了解。酌加注释，以疏文意，提示作品艺术特点，藉供读者阅读参考。水平有限，不妥之处，希望多多赐教为幸。

# 目 录

序

百字令·和厚庄前辈灵峰摩崖石揭原韵……1

清平乐·鸿门道中……2

鹧鸪天·宿潼关……3

西江月·普陀坐雨，读《东坡乐府》……4

浪淘沙·过七里泷……5

酹江月（词仙何许）……6

清平乐·富阳……7

鹧鸪天·自杭州返严陵坐雨……8

菩萨蛮（东风才被丝杨觉）……9

南歌子·严州道中……10

金缕曲（展卷寒芒立）……11

望江南·自题月轮楼（七首）……13

三姝媚（烟光摇缥素）……15

石湖仙·题孤山白石道人像……16

徵招（乍惊辽鹤尧年语）……17

丑奴儿·题友人画荷……18

贺圣朝·月轮楼夜坐……19

水龙吟·壬申五月，之江诗社集秦望山……20

琐窗寒（一片花飞）……21

贺新郎（昨梦清无价）……22

水调歌头·自题词卷……23

水调歌头·报王陆一……24

十二郎（梦华逝水）……25

水调歌头（有客擅谈马）……26

浣溪沙·示之江大学诸从游（二首）……27

临江仙·家兄为予买宅谢池……28

鹧鸪天·呈马湛翁……29

临江仙·感事……30

减字木兰花·丁丑暮春集鉴湖小云栖募梅精舍……31

减字木兰花·过绍兴沈园……32

虞美人·望孟劬翁南归……33

减字木兰花（荒丘剑气）……34

虞美人（南朝人是秋风客）……35

水龙吟（九原人比山高）……36

减字木兰花·寄冷生……37

临江仙·寿高性朴先生七十……38

浣溪沙（空翠遥山不可名）……39

鹧鸪天·送成业诸生西行……40

水调歌头·赠朝鲜志士……41

暗香（段桥擫笛）……42

点绛唇·上海租界"八一三"纪念日大捕爱国青年……43

小重山·题文天祥中川寺诗搨本……44

临江仙（权作武夷山顶会）……45

水龙吟（要离冢畔青山）……46

扬州慢·送丁怀枫归扬州……47

荷叶杯·饮哄庵静村新居……48

临江仙·呈敩隐师，时予阻兵不得归省……49

卜算子·咏荷……50

踏莎行·报鹇雏……51

踏莎行（出峡长谣）……52

鹧鸪天（能学扬雄亦壮夫）……53

虞美人（九衢尘里千虫倮）……54

鹧鸪天·题杨铁夫双树居词……55

减字木兰花（九州秋气）……56

鹧鸪天·和养癯翁忆杭州词……57

临江仙（谁种苍皮千尺铁）……58

鹧鸪天（南雁西乌唤不回）……59

蝶恋花（留得樽前相见面）……60

虞美人（后庭花变青芜国）……61

鹧鸪天·沪寓除夕赠妇……62

水龙吟·皂泡……63

鹧鸪天·示无闻……64

满江红（我听翁吟）……65

临江仙（欲待看花寻醉伴）……66

虞美人·感事……67

虞美人·自杭州避寇过钓台……68

鹧鸪天（黯黯乡心托杜鹃）……69

鹧鸪天（万事兵戈有是非）……70

贺新郎·雁荡灵岩寺与鹭山夜坐……71

小重山（愁自依然醉偶然）……72

鹧鸪天·和养疴翁山中忧饥……73

水调歌头（惟有雁山月）……74

小重山（春草生时别谢池）……75

临江仙（剩欠杏花诗几首）……76

玉楼春·有赠……77

平韵满江红·检旧札有忆……78

鹊桥仙（市声不到）……79

好事近·同声越作梅词……80

鹧鸪天·龙泉山居……81

玉楼春·龙泉山楼看雨……82

玉楼春（一凉昨梦苏肝肺）……83

临江仙·灵岩重九示成圆上人……84

水调歌头（谁种万莲朵）……85

临江仙·灵岩病起招鹭山……86

踏莎行·题《雁荡山图志》……87

鹧鸪天（楼外残山唤不醒）……88

鹧鸪天·报张云雷先生问山居近况……89

菩萨蛮·有寄……90

浣溪沙·灵峰晓行……91

清平乐（雷崩雪斗）……92

清平乐（乱峰千笏）……93

浣溪沙·九月九日温州观祝捷……94

鹧鸪天·初到湖楼寄鹭山……95

浣溪沙·乱后超山看梅……96

菩萨蛮·有怀怀枫……97

浣溪沙（谁打疏钟送夕阳）……98

太常引·寄白门旧友……99

蝶恋花（罢了登高还有赋）……100

水调歌头·与晓沧翁行月孤山……101

浣溪沙·压堤桥看芙蓉……102

南乡子·为鹭山求湛翁题来禅楼额……103

浣溪沙·有忆……104

洞仙歌·四更从孤山独行至断桥……105

鹧鸪天·己丑人日立春，答王伯尹寄诗……106

减字木兰花·题《樵歌》……107

定风波·和鹓雏……108

定风波·湖上重晤鹓雏，题其《苍雪词》……109

卜算子·自题当花图……110

西江月·和湛翁……111

浣溪沙（帘底双笙月一丸）……112

满江红（谁泼围棋）……113

满江红·皖北五河县治淮……114

满江红·访五河县治淮工农……115

燕归帘·湖楼画荷遣暑……116

水调歌头（对酒不须劝）……117

鹧鸪天·往绍兴筹备鲁迅纪念馆……118

好事近·天安门国庆节观礼……119

水调歌头（何处唤黄鹄）……120

望江南·避暑莫干山……121

卜算子·己亥年正月十一日六十生日……122

菩萨蛮·访桐君公社……123

临江仙·六十岁生日……124

水调歌头·自吴淞泛海……125

水调歌头（秋水不能画）……126

水龙吟·谒辛稼轩墓……127

南乡子·寿晓沧翁七十……128

鹧鸪天（一片西湖紫复红）……129

玉楼春·听苏州评弹……130

虞美人（听秋客岁鹅湖寺）……131

玉楼春（归来枕席馀奇彩）……132

浣溪沙·自题学步集……133

菩萨蛮·新安江水电站……134

浪淘沙·送胡伦清移住绍兴……135

满江红·拟王越谒岳坟……136

满江红·拟岳飞班师……137

菩萨蛮·谢神田喜一郎教授寄赠《日本填词史话》……138

虞美人·寿冷生七十……139

玉楼春·神游……140

鹧鸪天（到骨新恩是嫩凉）……141

玉楼春（卅午葛岭依云住）……142

南歌子（莺燕无呵殿）……143

卜算子·万年少画顾亭林像……144

减字木兰花（丹青挥洒）……145

玉楼春（溪童野老同歌唱）……146

玉楼春·奉怀邓恭三教授……147

水调歌头（双客闯然到）……148

临江仙（七宝楼台弹指现）……149

浣溪沙·忆竺藕舫翁……150

紫霄曲（屏开霞绮）……151

临江仙（七十六年弹指）……152

减字木兰花（东华歌吹）……153

减字木兰花·乙卯秋日北京诸词友邀游西山……154

好事近·作铭翁嘱题王献唐画幅……155

浣溪沙·郁达夫殉难三十周年……156

木兰花慢·泛颐和园昆明湖……157

平韵满江红·学书一首示无闻……158

浣溪沙·寄岩石兄为枚生之发……159

玉楼春·赠周晓川君……160

水龙吟·总理周公悼词……161

平韵满江红（烈日长虹）……162

平韵满江红（马背秋光）……163

平韵满江红·赠牪翁……164

平韵满江红（问我何归）……165

减字木兰花（樱边醉嚼）……166

西江月（北海屡乖携手）……167

减字木兰花（滩声七里）……168

洞仙歌·游龙门谒白香山墓……169

虞美人·潼关道中……170

浣溪沙·过大慈恩寺登大雁塔二首……171

玉楼春（攀天梦断诸词老）……172

浣溪沙·与无闻登岳阳楼……173

西江月·题天倪翁《尊闻室遗集》……174

西江月（西去行行白雁）……175

浣溪沙（十七龄为旷代人）……176

丑奴儿·题欠呵图……177

浣溪沙·恳诵先翁为河岳日星词题耑……178

浣溪沙·长沙大雪……179

浣溪沙·题天津友人孤植小筑……180

减字木兰花（六经生面）……181

浣溪沙·题衡岳图……182

临江仙（抛却长筇登叠阁）……183

减字木兰花·有怀西谛学兄……184

鹊桥仙·八十自寿寄鹭山……185

好事近·题海粟翁朱笔岁寒三友图……186

南乡子·寄怀萧湄……187

菩萨蛮（吟人尽道江南好）……188

玉楼春（吟人联袂凌空下）……189

减字木兰花·纪念秋瑾烈士……190

西江月·参观刘海粟画展……191

金缕曲（雁语来天外）……192

减字木兰花·鉴真法师塑像回国纪念……193

## 百字令①

### 和厚庄前辈灵峰摩崖石搨原韵②

一九二一年作

巨灵孤擘③。问何年推出，撑空岩壁。劫火烧残山骨冷，丹篆犹摩拳石。云护精灵，天开图画，奇句江山辟。银笺重搨④，墨花还绣苔碧。　　我羡老去刘晨⑤，朅来丘壑⑥，爱着寻幽屐。断碣残碑闲送日，何似岣嵝邹峄⑦。胜地神游，故山春到，梦境迷仙迹。何时鸾背，和公云外吹笛。

注释
①百字令：念奴娇之别名。
②厚庄：刘次饶字，浙江平阳诗人。
③巨灵：天神名，力可举山。
④银笺：犹银钩，指笔力健劲。
⑤刘晨：传为东汉人，天台采药，得遇仙女。
⑥朅来：去来。来去之意。
⑦岣嵝：衡山岣嵝峰有碑，传为夏禹所书。邹峄：邹城有铁山摩崖石颂碑。

此词作于1921年春，作者时任永嘉县立第三高等小学校长。词为读到刘次饶翁灵峰石搨词后的和作。雁荡山灵岩寺前之天柱峰，色白体圆，有立地擎天之势。峰北摩崖有"壁立千仞""天不塌，赖以柱其间"诸字。石搨，当指此。此词上片写出山势与碑搨之神奇，如巨灵造就鬼神呵护的人间奇迹。笔力千钧，神完气足。下片写自己对刘翁游山雅兴之羡慕与向往。"何时鸾背"二句，谓拟追踪刘翁的步履，一遂寻山之乐。"和公云外吹笛"，一结高卓，极有远致。

## 清平乐

### 鸿门道中①

一九二一年作

吟鞭西指,满眼兴亡事。一派商声笳外起,阵阵关河兵气②。马头十丈尘沙,江南无数风花。塞雁得无离恨,年年队队天涯。

**注释**
①鸿门:在陕西临潼东。项羽、刘邦曾会于此,鸿门宴由此得名。
②商声、兵气:指当时军阀混战。

此词作于1921年11月,作者由北京前往西安赴任教育厅职事途中。当时北洋军阀争权夺利,战火不断。作者目睹乱象,慨然作此。上片写西行道上,满目杀伐之气。用胡笳弹出的商声,烘托关河的兵气,言简意赅,凸现出辉煌的河洛关山,竟沦为兵戈满眼的乱世。下片一起二句,以马头的尘沙与江南风花对比写出,有以离雁自喻之感喟。塞雁的离恨,不正是说明自己此行的无奈吗?用笔婉曲,寄情深沉,小词却有大容量!

## 鹧鸪天

### 宿潼关

一九二五年作

过眼秦皇与汉皇,马头但有路尘黄。扫眉人唱三峰媚①,折臂翁耕百战场②。　　风浩荡,劫苍茫。旁观莫笑客郎当③。贾生涕泪无挥处④,要上潼关看夕阳。

**注释**

①扫眉人:歌女。三峰:华山南峰落雁峰最高,与东侧松桧峰、西侧孝子峰合称"三峰"。
②折臂翁:白居易乐府诗中人物。
③郎当:拖沓,不整齐。"鲍老当筵笑郭郎,笑他舞袖太郎当。"(杨大年《傀儡》)
④贾生:贾谊,西汉政治家。其《治安策》云:"窃惟事势,可为痛哭者一,可为流涕者二,可为长叹息者六。"

此词作于1925年6月,是词人由长安返温途中所写。再宿潼关,有《忆放翁》"衣上征尘杂酒痕"诗云:"风雨潼关驴背上,自携秋色出长安。"以及《潼关赠居停》云"问予亦何事,跋马到天涯"诸作。故地重来,填胸仍是对战乱生民的深切关怀。一边是扫眉歌女的卖笑歌声,一边却是折臂老人的苦海挣扎。对比写出,倍觉感人。下片云:莫要笑我客衫郎当。在这挥泪无地的乱世,且让我一上潼关看看落日的辉煌吧。忧国之深心与图强之壮志,一笔写出,雄浑而有气象。大家手笔,落落不凡如此。

## 西江月

**普陀坐雨，读《东坡乐府》**

一九二六年作

落帽休嫌种种①，看山常恨匆匆。扁舟过海倘相逢，莫问琼儋旧梦②。　昨夜禅床听雨，唅灯无数蛟龙③。篆烟一炷忽摇风，句里千峰飞动。

注释

① 种种：秃发貌。
② 琼儋：琼州、儋州。在海南，苏轼贬谪之地。
③ 唅灯：吞吐灯光。"当窗试与然高烛，要看鱼龙唅影来。"（黄仲则《山馆夜作》）

此词作于1926年普陀山中，是充满奇思妙想的杰作。落帽句，用孟嘉九日龙山登高落帽的典故。看山落帽而浑然不觉，一派风雅洒脱的高致。扁舟过海，将东坡贬谪南海与自己的普陀之旅对比写出，遥想高风，自然入妙。下片写梦中的情境：鱼龙唅舐着灯影，伴我参悟禅机，风摇篆香，引发灵感，吟出了千峰飞动的奇句。寸毫而能生万象，可谓神来之笔。

## 浪淘沙

### 过七里泷①

一九二七年作

万象挂空明②,秋欲三更。短篷摇梦过江城。可惜层楼无铁笛,负我诗成。　　杯酒劝长庚③,高咏谁听?当头河汉任纵横。一雁不飞钟未动,只有滩声。

注释

①七里泷:即桐庐之七里濑,邻近子陵滩,风景幽绝。
②空明:澄澈的水面。
③长庚:星名,即太白星。

　　此词作于1927年8月,时在建德严州中学任教。桐江七里滩秋色绝佳。厉鹗《百字令》云:"月夜过七里滩,光景奇绝。歌此调,几令众山皆响。"夏公此词更别开奇境,不止嗣响厉鹗而已。其最胜处在于将人与山水和谐统一之美妙灵境,自然地呈现出来。"万象挂空明",星辰万象倒垂水中,一个"挂"字下得何等之好。"当头河汉任纵横",一个"任"字又何其高旷自然,与张孝祥"万象为宾客"正相仿佛。"一雁"二句以"滩声"烘托静谧,真是一片化机,有无上妙谛。夏公离世前叮嘱亲友:"我过老时,你们不要哭,在我耳边念《浪淘沙》词吧!"这是老词人一生相伴的灵境啊!

## 酹江月

一九二八年秋,予寓建德字民坊鬻舍,自宋至清旧官廨也。偶阅《癸辛杂识》云"先君子于绍定四年辛卯出宰富春。壬辰岁,余实生于县斋"云云,乃知是周草窗诞生处。时予方撰词人年谱,得此惊喜。凉夕坐月,即用《蘋洲渔笛谱·中秋对月》韵作此,距草窗之生六百九十六年矣①。

一九二八年作

词仙何许?呼片云去问,洞天消息②。一道银潢星斗满,梦见吟商踪迹③。宋玉生前④,子云身后⑤,落落千秋客。江山如此,与谁分占秋色?　　此处地下词流,放翁莱老⑥,高咏长沉寂。欲挈山河鸾背上,一和诸公横笛。辽鹤归迟⑦,江城寒早,抚劫遥相忆⑧。古人如见,海天惊吐孤魄⑨。

**注释**

①建德:浙江严州府治所在。《癸辛杂识》:周密著。草窗,周密之号。《蘋洲渔笛谱》:周密词集名。

②洞天:神仙居处。

③吟商:指填词。

④宋玉:战国楚人,辞赋家。其生前住宅,后为庾信所居。

⑤子云:扬雄字。扬所著《太玄》等书,不为同时人所重,乃曰:"俟知音者之在后也。"

⑥放翁:陆游别号,陆曾官严州。莱老:李莱老,字周隐,号遁翁。周密之友。有《秋崖词》。

⑦辽鹤句:汉丁令威学道灵虚山,千年后化鹤归辽东。

⑧劫:佛法谓天地一成毁为一劫。

⑨孤魄:孤月。

"呼片云"三句,一起喷醒。下引"一道银潢"至"落落千秋客"五句,如骏马注坡,酣畅极矣。末用"与谁分占秋色",犹言谁可与我共享此间秋色呢?极占地步，结得有力，与山谷"风流犹拍古人肩"（《定风波》）如出一辙。下片，历数此处之地下词仙，如放翁、莱老、草窗之昔日高风，已然沉寂。纵欲追踪古贤，抚劫遥相忆也不可得。只有海天的孤月，可见证我这段怀古之幽情了。返虚入浑，自成高境。

## 清平乐

### 富阳①

一九二九年作

风妍烟丽，乍是晴天气②。欲揽春江供一醉，人道东流是水。

江湖天远扁舟，梦中灯火高楼。只有一枝红杏，教人难问春愁③。

**注释**
①富阳：浙江市名，在富春江北岸。
②乍：才，刚刚。
③问：探听。

此词作于1929年1月，作者时在浙江建德。上片写眼前景色，风烟清丽，江水溶溶，令人欲醉。不辨是水、是酒，结得何其颖妙！下片则取神于虚处，追想当年西安的游踪。现在虽有一枝杏花在手，但泛舟江上的嬉春，与高亢的黄土高原固自不同了。夏师词素以气象高奇为特色，似此绵丽清婉之笔，比较罕见。

## 鹧鸪天

自杭州返严陵坐雨①

一九二九年作

五剧车尘欲坐忘②,数鸿带雨落丁江③。客怀但验灯深浅,归梦难量路短长。　琴绕榻,珮鸣廊④,两三竿竹一秋凉。龙湫雁荡家山好,却共鸥凫恋水乡。

**注释**

①严陵：严子陵钓台,在富春江畔七里泷下。
②五剧：大路。卢照邻《长安古意》:"南陌北堂连北里,五剧三条控三市。"
③丁江：富春江与兰溪在严州汇合处,成"丁"字形。
④琴绕榻二句：指水声悦耳,有如音乐。

此词作于1929年秋间。词人从大都会杭州返回富春江畔的严滩听雨,远离了闹市的喧嚣,聆听如琴珮叮当的水声和雨声,这份难得的清幽,应该够惬意了吧。然而最令词人难忘的,还是龙湫雁荡的家山奇景。一步一转,烘托出"归梦"的主题。技法之妙,值得仔细玩味。

## 菩萨蛮

一九二九年作

东风才被丝杨觉①,闲愁已在低阑角。何处识春浓,村姑笑语中。　　一灯堪避世,自爱闲中味。沸市任笙歌②,书窗月自多。

**注释**
①东风句:言杨柳在东风里抽丝,春天已经来到。
②沸市:热闹的城市。

这首感春之词作于 1929 年。词人时年三十,在严州任教。开句既新且细,言东风刚到就唤醒了杨柳的丝条。"觉"字下得极好,与韩愈"草色遥看近却无"可谓同一工致。"何处识春浓,村姑笑语中"承接上意,饶有生趣。下片则着重写学人的心境,与常人眼中的春光不同,词人所钟爱的是闲静的书窗月色与笔耕的学海泛舟。正如作者的另一首词中所说的:"若能杯水如名淡,应信村茶比酒香。"这份淡定、从容,多么难得。

## 南歌子

**严州道中**

一九二九年作

把钓人何往①,飞鸥意最闲。两年看遍浙东山,每到西台一笑②、又忘还。　　不负浮家约③,仍惊薄袂寒。南来北去世无关,携得六桥片月、过严滩。

**注释**

①把钓人:指严光避世,于此垂钓。

②西台:即子陵钓台之别名,在桐庐富春江畔。文天祥就义以后,谢翱于此哭祭文天祥。

③浮家:指以船为家,浮居水上。

此词作于1929年秋间。作者以散淡的心情发怀古之幽思。如提到严光的高踪与西台的往事,都很从容自在。"不负浮家约",是说自己愿意效仿张志和过渔父的生活。"携得六桥片月、过严滩",结响入云,最饶清致,的是词中高境。

## 金缕曲

胡汀鹭画家藏顾梁汾书寄吴汉槎《金缕曲》词笺,谢玉岑嘱题①。

一九三〇年作

展卷寒芒立②。有当年、河梁凄泪③,扪之犹湿。比赎蛾眉艰难事④,多此几行斜墨,便万古神喑鬼泣⑤。何物人间情一点,长相望、旷劫通呼吸⑥。携酒问,贯华石⑦。 生还忍数秋笳拍⑧。念苏卿、雁书不到,乌头难白⑨。绝域头颅知多少,放汝玉关生入。天要与、词坛生色。渌水亭头行吟地⑩,谢故人、轻屈平生膝⑪。东阁酒,咽邻笛⑫。

**注释**

①胡汀鹭:近代画家胡振别号汀鹭。顾梁汾:名贞观,清初词人。吴汉槎:名兆骞,清初词人。词笺:题有词作的折扇。谢玉岑:现代词人,作者之友。此词背景是顾贞观为救因科场案发配北荒的老友吴汉槎,而跪求纳兰性德之父宰相明珠。吴终得从宁古塔返回江南。顾有词扇寄吴汉槎。夏师于胡汀鹭家见之,而作此词。

②寒芒:汗毛。汗毛竖起,惊悚之貌。

③河梁凄泪:李陵别苏武诗:"携手上河梁,游子暮何之?"梁,桥。

④赎蛾眉:蔡琰陷身匈奴,曹操以黄金赎之。

⑤神喑鬼泣:惊动鬼神。喑,啼泣无声貌。

⑥旷劫:隔世。

⑦贯华石:无锡之惠山有贯华阁。顾梁汾家山宅。

⑧秋笳拍:吴兆骞有《秋笳集》。

⑨苏卿:苏武。乌头难白:燕丹太子质于秦,求归。秦王曰:"乌头白,马生角,乃许耳。"

⑩渌水亭:纳兰性德之父明珠家中亭名。

⑪谢故人句:吴汉槎入关,过纳兰所,见斋壁大书"顾梁汾为松陵才子吴汉槎屈膝处",不禁大恸。

⑫东阁二句:丞相府第曰东阁,此指明珠宅。咽邻笛:向秀过山阴,闻笛声凄苦,乃

作《思旧赋》以怀嵇康之不幸。

  此词作于 1930 年，是夏师中年时代之力作。一起三句"展卷寒芒立。有当年、河梁凄泪，扪之犹湿"写当时感受是汗毛根根倒立，凄泪可扪。这种心灵的震撼，千古词林少此笔墨。接着用黄金赎文姬、绝域生还的苏武加以烘托类比。拟之为"何物人间情一点，长相望、旷劫通呼吸"之人间奇迹。认为这段生死不二的词人之交，是"天要与、词坛生色"。化裁典故，一如胸中流出。用事精切，非深于史学者不办。朱彊村先辈读之激赏，曰"历落有风格，绝非涂附秾丽者所能梦见。题梁汾扇一阕尤胜。私庆吾党不孤"云云，赞誉之高，由此可见。

## 望江南

自题月轮楼（七首）①

一九三〇年作

秦山好，带水绕钱塘。一道秋光天上下，五更潮信月苍茫。窗户挂银潢②。

秦山好，飞观俯西兴③。沧海未生残夜日，鱼龙来唼半江灯。人在最高层。

秦山好，面面面江窗。千万里帆过矮枕，十三层塔管斜阳④。诗思比江长。

秦山好，晴翠九龙环⑤。隔个屏风住西子，露双佛髻是南山⑥。东面爱凭栏。

秦山好，绝顶爱寻诗。花外星辰灯皛皛⑦，云边栏槛雨丝丝。凉意薄罗知。

秦山好，隐几听惊雷⑧。残险已无罗刹石⑨，怒潮欲到子陵台。秋色雨中来。

秦山好，短咏写云蓝。谁坐秋香横一笛，满身淡月杏黄衫。唱我望江南。

**注释**

①月轮楼：作者所居之浙江大学宿舍，在钱塘江边秦望山的月轮山上，因名月轮楼。
②银潢：银河。
③西兴：地名，在钱塘江南岸。
④十三层塔：指六和塔高十三层。
⑤九龙：秦望山有九支，人以九个龙头名之。
⑥南山：钱塘江边的山峰。
⑦皛皛（xiǎo xiǎo）：明亮貌。

⑧隐几：凭几。几，茶几。

⑨罗刹石：杭州地名。《北梦琐言》云："杭州连岁潮头直打罗刹石。吴越钱尚父（镠）俾张弓弩，候潮至，逆而射之。由是渐退，罗刹石化而为陆地。"

《望江南》组词七首，作于1930年。这年秋天，夏老因邵潭秋之介，赴之江大学国文系任教。这是作者人生道路上的一个重要拐点。从此登上一流大学的教席，住在风景绝胜的月轮山，开创了事业的新辉煌，心情之快乐可知。洋溢笔端的是一派欣悦、进取和阳光般的色彩。词以秦望山为立足点，左顾右盼，逸兴遄飞。耳目所及，无一不是绝好诗料。"一道秋光天上下，五更潮信月苍茫"，这是凭窗所见；"沧海未生残夜日，鱼龙来唼半江灯"，这是俯观的印象；"千万里帆过矮枕，十三层塔管斜阳"，这是登高的感受；"隔个屏风住西子，露双佛髻是南山"，是说与西湖和名山为伴；"花外星辰灯晶晶，云边栏槛雨丝丝"，丝雨与星辉滋润着作者的诗心；"残险已无罗刹石，怒潮欲到子陵台"，如雷的潮声，唤起了作者对历史的回忆。如此种种，为读者展现了天堂般的完美与神奇空灵的词境。毫无疑问，这是作者最为欣快的时刻。但他与"春风得意马蹄疾，一日看遍长安花"的孟郊不同，多了些学者的高雅与宁静，少了些得意时的张狂与自恣。在这人生最惬意的当儿，词人所向往的是"谁坐秋香横一笛，满身淡月杏黄衫。唱我望江南"。这种心境与风致不正是魏晋名士的现代模式吗？

## 三姝媚

清明渡太湖至鼋头渚，同金松岑、冯振心、李续川、邵潭秋①。

一九三一年作

烟光摇缥素②，正万顷浮空，悄无风雨。天外褰裳③，念五湖人往，冷鸥谁语？酒醒云归，疑醉我、昆仑玄圃④。瑶瑟沉沉，愁抱都空，浪声东去。　同诵《远游》章句⑤，有翠袂成轮，酒狂如虎。石室寻花，恨未遂坡老，后车琴女⑥。唤起鸱夷⑦，待商略、浮家眉妩。剩有霜蟾照我⑧，归帆如舞。

**注释**

① 鼋头渚：太湖地名，在无锡，风景佳胜。金松岑：诗人，号鹤望。冯振心：名振，诗人。李续川：诗人。邵潭秋：名祖平，诗人。

② 缥素：青色绸帛，此指湖水色如青帛。

③ 褰裳：撩起裤脚。

④ 昆仑玄圃：传说中昆仑山顶神仙居住之处。

⑤ 《远游》：屈原诗篇名。

⑥ 坡老：苏轼。琴女：歌女侍者。

⑦ 鸱夷：范蠡化名鸱夷子。

⑧ 霜蟾：月亮之别名。月中有蟾蜍，故名。

此词作于1931年4月。词人赴苏州、无锡，与诸诗友偕游太湖，逸兴遄飞而成此作。"烟光摇缥素"五字形容水色之美，颇能新颖尽致。"天外"三句，言古贤已逝，未免落寞。过片"有翠袂成轮，酒狂如虎"，何等狂放恣肆。中间配以坡老之"琴女"，鸱夷之西子，更是一派名士风流模样，俨如李商隐所谓"新人桥上着春衫，旧主江边侧帽檐"之风度。最后以"霜蟾照我，归帆如舞"作结，则变妩媚为清奇，别是一番情境了。

## 石湖仙

### 题孤山白石道人像①

一九三一年作

朗吟人去。剩一片湖山,仍对尊俎②。唤起老逋魂③,能同歌远游章句。江湖投老,又看柳长亭几度④。容与。招素云黄鹤何许⑤?红箫垂虹旧伴⑥,忆黄月梅边新谱⑦。环佩胡沙⑧,肠断江南哀赋。听角长淮⑨,送春南浦,此愁天付。携酒路。马塍连夜风雨⑩。

**注释**

①白石道人:姜夔之别号。

②尊俎:盛酒食之器皿。

③老逋:北宋诗人林逋之别号。

④看柳长亭:"濯濯长亭柳,阴连灞水流",戴叔伦诗。意谓折柳长亭话别。

⑤素云:白云。

⑥红箫句:范成大以小红赠白石。途经吴江垂虹桥,白石有诗云:"自琢新词韵最娇,小红低唱我吹箫。"

⑦黄月句:姜夔在范成大家作《暗香》梅词,有"旧时月色,算几番照我,梅边吹笛"。

⑧环佩胡沙:姜夔《疏影》词有:"昭君不惯胡沙远,……想佩环、月夜归来,化作此花幽独。"

⑨听角长淮:军号曰角。此指宋金在长淮作战。

⑩马塍(chéng):西湖孤山畔有西马塍,白石葬地所在。

这是一首怀古思人的名作。孤山马塍为白石葬处,有石刻白石造像在。睹物怀人,不禁万感中来,遂赋此篇。"朗吟人去"起得清劲。"唤起老逋魂",以林逋高士作偶,更是灵气珊珊,使湖光增色。过片"红箫垂虹旧伴"点出一段与小红吹箫度曲的佳话,更令人遐想无尽。下面笔锋一转,拈出"环佩胡沙""听角长淮"的兵气,其故安在?查作者年谱本年11月云:作《满江红·答任二北》《贺新凉·闻马占山将军嫩江捷报》《石湖仙·孤山白石道人像》三词相连续。乃知为有感日寇占领东三省而发。则此作非但怀古,亦有爱国伤时之深忧在。读者于此细节亦不可放过。

## 徵　招

闻彊村先生十二月三十日上海讣，用草窗吊紫霞翁韵①。

一九三二年春作

乍惊辽鹤尧年语②，骑鲸又传仙杳③。楚些漫相招④，正昏昏八表⑤。半生垂钓手，应不恋、棘驼残照⑥。一瞑同忘，九州幽愤⑦，五湖高操⑧。　　愁眺海东云⑨，幽坊宅、花时梦游长绕。佛火数扬尘⑩，念看桑垂老⑪。鄮山青未了⑫。更谁续、四明孤调⑬？听鹃恨、怕有来生，奈暮年哀抱⑭。

**注释**

①彊村：清末词家朱孝臧，号彊村。紫霞翁，南宋词家杨缵别名。
②辽鹤句：用丁令威化鹤归辽东典故。尧年语：《异苑》："太康二年冬，大寒……二白鹤语于桥下，曰：'今兹寒不减尧崩年也。'于是飞去。"
③骑鲸：辞世仙游之意。
④楚些：《楚辞》多用"些"字，故称"楚些"。漫相招，莫匆匆招去之意。《楚辞》有《招魂》篇。
⑤昏昏八表：乱世之称。
⑥棘驼：铜驼弃于荆棘，比喻乱世。见《晋书·索靖传》。
⑦九州幽愤：举国悲愤。
⑧五湖高操：范蠡助越王灭吴后急流勇退，归隐五湖。
⑨海东云句：指日寇入侵东三省。
⑩佛火句：谓累扬战尘如佛家劫难。此指去年作者诣彊村翁时谈及庚子年战祸诸事。
⑪看桑句：眼见沧海桑田巨变之省文。
⑫鄮山：宁波山名。
⑬四明孤调：指吴文英。彊村词风与文英相近。
⑭听鹃恨三句：彊村绝笔《鹧鸪天》结句云："可哀惟有人间事，不结他生未了因。"语极沉痛。

朱彊村为晚清词派三大家之一，开宗立派，于词学贡献巨大，对夏公亦有扶掖之功。故此词用笔隆敬，赋情哀重，有关词史。起笔以鹤语大寒尧崩，形容噩耗传来的震撼，可谓庄重之至。"漫相招"，莫要匆匆招去啊。痛惜之情，溢于言表。"九州""五湖"二句形容忧国之深心与立身之高洁。下片"愁眺海东云"写作者对时局的忧心。"幽坊宅"二句，似指作者去年四月造访老人宅第之事。结尾点出老人暮年哀句"可哀惟有人间世，不结他生未了因"之痛语作结。彊村立朝有节、胆识俱高，曾力斥义和团不可恃，董福祥不可用，外衅不可开，大忤慈禧意。后归隐沪上，感伤时局，心痛于世运之惨与骨肉之悲而发此哀叹。夏公此作语重情深，哀感之至。

## 丑奴儿

### 题友人画荷

一九三二年夏作

西湖千顷烟波窟，画舫清尊，宝钿香尘，满地江湖恋绿人①。何时苕霅扁舟去②，一月随身，一水如银，三十六陂看绿云③。

**注释**

①恋绿人：爱赏绿荷的游人。
②苕霅：二水名，在浙江湖州。该地区有水晶宫之称。
③三十六陂：在武陵（常德）。姜夔《念奴娇》："三十六陂人未到，水佩风裳无数。"陂：水塘。绿云：荷叶。

这首画荷之作，构思极妙。作者没有就画论画，而是把它置于广阔的时空中，纵横挥洒。先把纸上的荷花转换到西湖。在这个浩渺的烟波窟里，有清尊名士与画舫美女的徜徉，还有无数爱赏荷花的游客。什么时候能去水晶宫月下泛舟，欣赏那"三十六陂人未到，水佩风裳无数"的美景呢？空灵而有情致，咏物之佳构也。凡咏物不可死于句下，放开写去，才能充分表现创作主体的情怀与风致。这就是本词给我们的启示。

# 贺圣朝

## 月轮楼夜坐

一九三二年作

雨声只在高楼侧，战风蒲万叶①。二更雁过卷疏帘，满江天是月。　　乱帆奔马，怒涛拥雪，动寒光四壁。谁吹霜竹上扁舟②，引老龙夜泣。

注释

①风蒲万叶：此与上句之雨声，皆非实指，而是写钱塘江的秋声。
②霜竹：笛。黄山谷《念奴娇》："孙郎微笑，坐来声喷霜竹。"

此词语硬意深，反映了作者刻意追求的坚苍深窈的风格。一起二句写雨声、风蒲声，皆非实指，而是借以写在高楼听到钱塘江涛声。不然何以解释满江月色呢？过片后之"奔马""拥雪"皆反衬起句之潮声。"吹霜竹""老龙夜泣"皆出语奇崛，意象突兀，别开生面。

## 水龙吟

**壬申五月,之江诗社集秦望山**①

一九三二年作

乱莺换了春声②,客怀渐爱危阑凭。垂杨西北,千红一瞬,啼鹃怎听?渡海笛声③,过江诗句④,暂同高咏。笑昂藏自放⑤,观天双眼,年年向、樽前醒。　　下界浮云未定。待张筵、上昆仑顶。沧洲回望,扇尘乍敛⑥,斜阳欲暝。烟艇呼鸥,水楼传盏,且迟清兴⑦。任江城入暮,鱼龙风恶,又寒潮打。

**注释**

①之江诗社:之江大学师生组织的诗社。

②换了莺声:时当五月,已过了莺花闹春的时节了。

③渡海:未详。苏东坡有《渡海帖》与《六月二十日夜渡海》诸作,疑或指此。

④过江诗句:晋室南渡以来,过江名士多如鲫。刘琨、祖逖俱有诗句流传。李白有《横江词》之作:"海神来过恶风回,浪打天门石壁开。浙江八月何如此,浪似连山喷雪来。"皆一时高咏。

⑤昂藏:轩昂之意。指气宇不凡,精神抖擞。

⑥扇尘句:《世说新语》载,王导恶庾亮权势逼人,举扇避尘,曰:"元规(庾亮字)尘污人。"此处言日已向晚,尘嚣渐息。

⑦且迟清兴:享受清兴。迟:舒缓适意貌。

此词为诗社雅集的课业,属于当场命题之作。词人从眼前风景说起:已过了莺花春色,凭栏唯见绿柳垂丝。红花都已消歇,怎忍听杜鹃的啼声呢?那就仿效过海、渡江的前贤,填首词以消遣吧。"笑昂藏"三句高岸而有气象,令人精神一振。下片愈唱愈高:俯视尘寰的纷扰,欲摆宴昆仑之顶。回望沧洲景色,水楼呼酒,聊享清兴。哪管他鱼龙风猛、寒潮直打呢!通篇洋溢着雄杰豪放之气,回环得势,起结俱佳。

## 琐窗寒

休日偕晓沧、钟山游许氏榆园、龚氏玉玲珑馆,看花石纲遗石①。战讯暂息,不废嬉春,诵宋人"更待何年是太平"句,百感惘惘也。

一九三二年作

一片花飞,流莺啼散,故家吟社②。沧桑挂眼③,历历绿阴亭榭。似茶声、绕枕未歇,晚涛正闹松窗罅④。剩度湖旧月,重帘幽楯,照人如画。　　临夜,寒钟打。便唤起吟魂⑤,再来应诧。凭高倦眼,莽莽春愁难写。避狂尘、障扇自归,乱鸦又送哀歌下。待移灯扪石,来听山鬼宣和话⑥。

**注释**

①晓沧:郑宗海字。钟山:钟泰字。榆园、玉玲珑馆:皆在杭州。花石纲遗石:宋徽宗好珍玩,蔡京乃以太湖美石进,号花石纲。
②故家吟社:指榆园许氏主人、玉玲珑馆龚氏主人。
③沧桑挂眼:犹言眼见沧桑世变。
④似茶声三句:指松窗下的江涛声如茶声入耳。
⑤吟魂:指许家、龚家已逝的诗人。
⑥宣和:宋徽宗年号。

此为怀古之作。作者来到宋代的故家庭园。眼前是绿荫台榭,入耳有窗罅涛声。手扪着花纲遗石,无尽的沧桑之感涌向心头。最后用"来听山鬼宣和话",以奇矫阴森之意象来表现胸中的哀感,便有一种直指本心的冲击力量。

## 贺新郎

甲戌春，之江大学友生探梅超山①，小病未从，次日承德失守。

一九三四年作

昨梦清无价。曳一筇、冷云乱水，唐栖山下。屈注钱塘供砚滴②，批判风天雪夜③。正旧月楼台如画。魏晋风人脂粉手④，剩此花颜色无人写⑤。二三子，笑陶谢。　　醒来铅泪纷成把。念陇头、惊沙千斛，边声万马⑥。南渡湖山巾屐盛⑦，日日歌围酒社。天水恨⑧、花应能话。换了尊前筝笛耳，听北风鼓角从天下。香影拍⑨，忍重打。

**注释**

①超山：又名唐栖。南宋义士唐珏曾隐居于此。
②屈注：曲折流入。
③批判：评判，评章风月。
④风人：风流文人。
⑤此花：指梅花。
⑥惊沙二句：指日寇入侵。
⑦巾屐：饰巾与木头鞋。名士出游的装束。
⑧天水：天水为赵姓之郡望，此指宋朝。
⑨香影拍：此指姜夔咏梅的《暗香》《疏影》词。

此词上片前六句写梦游超山赏梅：冷云乱水，风天雪夜，清景无价。后四句笔锋一转，言魏晋文人涂脂抹粉，却不曾题咏梅花。下片以"铅泪纷成把"起句，痛言在承德沦陷、日寇入侵的关头，难道还忍心赏花听曲吗？立论正大，音韵铿锵，不愧佳作。

## 水调歌头

### 自题词卷

一九三四年作

一曲喝驮子①,自听胜筝琶。伤麟叹凤何意②,亦不解催花③。满眼郻山苍翠④,招手群真天际,无分共餐霞。吾驾指幽冀,打面飒风沙⑤。　　笑轻盈,歌婉转,舞天斜。华胥国里人物⑥,梦醒各天涯。我有七哀九辩,唤起八叉三变,短筑和红牙⑦。此曲不堪续,隐隐万方笳⑧。

注释

① 喝驮子:古民间曲调。
② 伤麟叹凤:用孔子故事。"叹凤嗟身否,伤麟怨道穷。"(唐玄宗咏孔子句)
③ 催花:羯鼓催花,用唐玄宗故事。
④ 郻山:指吴文英。此三句言不学吴文英词风。
⑤ 吾驾二句:言幽冀风沙大漠才是自己追求的风格。
⑥ 华胥国句:黄帝梦里的华胥国。此谓承平梦境应该醒了。
⑦ 七哀:王粲诗名。九辩:宋玉诗名。八叉:温庭筠才捷,八叉手而诗成。三变:柳永号三变。筑:乐器名,其声慷慨。红牙:艳歌的拍板。
⑧ 万方笳:杜甫《秦州杂诗》有"鼓角缘边郡"及"万方声一概"的诗句。

此为夏公自言创作宗旨之作。首言民间曲调胜过酒边的筝琶。叹凤伤麟的孔子,也不欣赏花间月下的小情调。至于吴梦窗笔下的天际真人、餐霞饮露的境界,跟自己更没有缘分。下片更言轻盈的歌舞、富贵的美梦,与我无干。只有《七哀》《九辩》这样关注民生国运的鸿篇大著才是我向往的。温庭筠的花间小曲,柳永的酒边曼声,都无须模仿。追寻杜甫的《秦州杂诗》,表现万方生民的关切,才是我的创作目标。夏公在1929年的日记中强调:"思中国词中风花雪月、滴粉搓酥之辞太多……求若拜伦哀希腊等伟大精神,中国诗中当难其匹……以后作词,试从此辟一新途径。"正是对此很好的说明。

## 水调歌头

### 报王陆一①

一九三四年作

太华一莲朵②,捧出古长安。梦中重挈云影③,千仞倚高寒。一觉灯床夜语,何许天风万里,吹堕碧琅玕④。之子隔秋水,相望动经年。　　五车书,三亩竹,一婵娟⑤。榆关雪岭何世⑥,归路见东山⑦。收拾江潭楚些⑧,起看天涯秦月,昔昔似刀环⑨。我有小园赋⑩,身世亦江关。

**注释**

①王陆一:作者友人。王陆一弱冠以文才名震关中,后随于右任至南京,为国民政府要员、安徽大学教授。其反映枣庄会战之作,名动中外,有重要史料价值。

②太华:西岳华山,形似莲朵。

③挈:提携。

④碧琅玕:碧玉。此指信函。

⑤五车书,三亩竹:言其书多、地美。一婵娟:言其得美妇而完婚。

⑥榆关雪岭:泛指北方边地。榆关,山海关。

⑦东山:在绍兴,谢安隐居处。

⑧江潭楚些:屈原流落江潭。楚些:楚辞。

⑨昔昔:通"夕夕"。刀环:刀头有环,谐"还",回归之意。

⑩小园赋:庾信有《小园赋》。杜甫诗:"庾信生平最萧瑟,暮年诗赋动江关。"言其晚年思乡,有《哀江南赋》。

此词为回复王陆一的来函之作。陆一是夏公执教西安时的友人,以文雄于世。故词以太华为喻,极具气势。过片起三句贺其华屋新婚,何其风流倜傥!"归路见东山",是以谢安为比,寄望深矣。此文以词代柬,叙平生契阔而清雄、悃挚如此,非大手莫办。

## 十二郎

客杭州之三年,始尽夜湖之胜。人定后舣舟苏堤待月,绕三潭折入里湖。高荷如幄,俯见银河。冷香袭人,如在梦境。少选,吴山出日,外湖绛云荡射,一镜皆赪。里湖犹残月疏星,荧然在水。一堤之隔,划分晓夜,尤为奇观。归用梦窗《垂虹桥》韵赋此。同游陈竺同有怀归之咏,并以调之①。

一九三四年作

梦华逝水②,剩一鉴、冷光未凝③。换语鹤湖山④,听蛮灯火,过我翩然一艇。水佩风裳无人唱⑤,问旧谱、凌波谁定⑥?容独占鹭汀,一竿丝外,万千人境。　归兴。浮家旧约,待描奁镜⑦。挽百丈秋潢,白荷花底,看写高寒双影。问讯南鸿,江楼今夜,风露单衣应冷。嘱晓角、莫唤城乌⑧,隔水数峰犹暝。

**注释**

①少选:少许,不久。赪:赤红色。梦窗:吴文英号。陈竺同:作者友人。调之:笑之。
②梦华:梦里繁华。黄帝有华胥梦。
③一鉴:一镜,指西湖。未凝:水波荡漾貌。
④语鹤湖山:用丁令威化鹤归辽事。
⑤水佩风裳:姜夔《念奴娇·闹红一舸》:"三十六陂人未到,水佩风裳无数。"
⑥旧谱:旧曲,指姜词。凌波谁定:曹植《洛神赋》:"凌波微步,罗袜生尘。"
⑦待描奁镜及其后六句:指陈竺同怀归思妻之作。
⑧晓角:早晨的军号。城乌:城头的太阳。

词写秋宵月下赏荷。小序状景述情,曲尽其妙,直逼明人小品之高境。一起三句,感叹西湖的繁华已逝,只剩下如镜的湖面和动荡不定的波光。"冷光未凝"四字生新,有独到之胜。"翩然一艇""独占鹭汀",极写幽独凄清之境。下片"待描奁镜"之亲昵闺情,与"百丈秋潢"之银河作偶,工于铺垫造势。最后吩咐晓角噤声,莫要惊醒熟睡着的隔水山峰,更是想落天外的奇思妙句。

## 水调歌头

自京还,过吴门,松岑、瞿安、石遗诸君次第招饮。归杭,一浮翁问游迹,因成此词①。

一九三四年作

有客擅谈马②,笑我鬻雕虫③。文章政复何用?只发酒颜红。长揖三高烟水④,来问五噫踪迹⑤,一醉记相逢。谁解喷霜竹,庭宇飒天风。　　冷红径,听怨鴃⑥,诉春空。垂虹好续低唱,弦语惜匆匆。避世西山高操⑦,浮海东山雅志⑧,识此几吴侬。待酌钓台月,乘兴一舟东。

**注释**

① 京:南京。吴门:苏州。松岑:著名诗人,即金鹤望。瞿安:曲学大师吴梅之字。石遗:陈石遗,福建人,诗界大佬。一浮:马浮,字一浮,哲学家、诗人。

② 谈马:《青箱杂记》云:徐延休为义兴令。县有后汉太尉许馘庙。碑阴有八字云:谈马砺毕壬田数七。时人多不能晓。延休一见,为之解曰:谈马,言午,"许"字;砺毕,石卑,"碑"字;壬田,千里,"重"字;数七,六一,"立"字。即"许碑重立"之隐语。

③ 鬻:售卖。雕虫:"雕虫篆刻,壮夫不为",语出扬雄。

④ 三高:苏州有三高祠,祀范蠡、张翰、陆龟蒙。

⑤ 五噫:后汉梁鸿作《五噫之歌》,以讽世风之浮华。

⑥ 怨鴃:伯劳的悲怨啼声。

⑦ 西山:首阳山,伯夷、叔齐隐居处。

⑧ 浮海:谢安隐居东山,有"浮海东还"之语。

"有客"二句,推崇席上高宾学问精博、地位隆高,而自惭鬻于小技。可谓出手擒题抑扬有致之句。下片"识此几吴侬"是说自己向往的正是"三高""五噫"等吴门高隐。到严陵钓台做个隐者,便是自己人生的价值取向。

## 浣溪沙

### 示之江大学诸从游（二首）①

一九三四年作

凝睇湖山黯欲秋，关心小别便花休。笛声谁在最高楼。　百折猩屏防误影②，十年凤纸罢工愁③。拼移带眼不回头④。

茵溷辞枝等不归⑤，未圆短梦已惊飞。回风丝柳莫辞低。　转眼春成长别路⑥，望乡魂有几鹃啼。肯违心愿趁芳菲？

注释

①从游：指学生。

②猩屏：红色屏风。"猩色屏风画折枝"，韩偓诗句。

③凤纸：纸名。

④移带眼：缩紧皮带的眼孔，说明瘦了。

⑤茵溷句：谓落花辞枝，有的飘到茵席（地毯）上，有的落进溷厕里。同样都是不归。

⑥长别路："王孙游兮不归，春草生兮萋萋。"见《楚辞·招隐士》。此言别情。

1934年5月（阳历）之江诗社复推夏公为社长。6月夏公带诸生踏青，作此词示之。第一首起句颇为依黯，是花期殆尽的惜春情绪。"防误影"谓不要将屏风上的折枝当作真花耽误了赏花。"拼移"句，表示宁肯消瘦也要游春赏花，决不错过。第二首起句言：飘茵落溷虽遭遇不同，但都不可能回到枝上了。纵有回风丝柳的低拂，旧梦也不能重续了。继言春天很快过去了，思乡的杜鹃不断啼着，我们哪能违背心愿而不去赏花呢？以转折之笔，写惜春之心，可谓宛转关情，令人凄恻。

## 临江仙

### 家兄为予买宅谢池①

一九三六年夏作

万卷三间迟十载②,得归不负辛勤。一杯来酹六朝人③。草塘如有梦,诗笔可能神? 招手停云还独喟④,人间八表同昏⑤。横流欲到看山身⑥。翻怜江左屐,未见海东尘⑦。

注释

①谢池:在温州。谢灵运梦其族弟惠连而得"池塘生春草,园柳变鸣禽"之句,因名谢池。

②迟:等候。

③酹:敬酒。六朝人:谢灵运生活在南朝宋代,故云。

④停云:思亲友。陶渊明《停云》诗序中语。喟:叹。

⑤八表:八方。八表同昏,天昏地暗,国家大乱。此指日寇入侵。

⑥横流句:谓自己是个看山人,也受到战乱波及。

⑦江左屐:指谢灵运。他游山时穿可变动的木屐。江左:江南。海东尘,指日寇侵略。

此词紧扣谢灵运。在他高咏之池边买房,而以"谢邻"为名,说明作者对这位古贤的景仰。上片风致潇洒,充满欣悦之情。下片则殷忧时局。"招手"句为转换之点,词情一变而悲惋。招手停云,上扣家兄。陶渊明《停云》诗序言:"思亲友也。"此为答谢"家兄"买地之意。"还独喟",面对着八表同昏的乱世,反觉得谢灵运的时代,还没有海东尘起那样糟糕。小词亦有时代的悲戚之感。人是不能脱离时代的,何况是第一流的诗人。

## 鹧鸪天

### 呈马湛翁①

一九三六年作

数遍当门柳几行。湖山无恙絮飞忙。村翁能说藏春坞②,过客还寻秀野堂③。　　鸥鸟约,水云乡。隔年吟事亦沧桑。弥天一老闲无事④,坐替雷峰管夕阳⑤。

**注释**

①湛翁:马一浮之别号,现代哲学家。与梁漱溟、熊十力齐名,有"现代三圣"之誉。

②藏春坞:《本事集》:"钱塘西湖,有诗僧清顺居其上,自名藏春坞。"

③秀野堂:苏轼咏司马光独乐园诗:"花竹秀而野。"

④弥天一老:晋释道安自称"弥天释道安"。弥天:名满天下。

⑤雷峰:雷峰塔,在西湖南岸夕照山上,建于五代,以看夕阳出名。1924年倒塌。

此为作者走谒马老之作。上片写马翁园舍景色。在这个絮飞花放的春日,作者来此造访。对于馆舍的模样,并不着墨。却从旁拈出高僧之藏春坞与大贤之秀野堂加以概括,便有无限之气象。妙于取喻此词是也。"鸥鸟""水云"指年前携游的踪迹。近年国变频繁,游兴并无。然而名满天下的大师却巍坐湖垣,俨如雷峰塔,管领着一方风景呢。以名塔喻宗师,可谓妙想入神。

## 临江仙

### 感 事

一九三六年作

掩恨墙东通一顾①,西家愁黛齐深。两难颦笑是春心②。问年羞锦瑟③,同命惜文禽④。　消息蓬山无定准⑤,多生误信瑶琴。花间旧约梦中寻。两鬟仍髿髾⑥,双泪费沉吟。

**注释**

①墙东:宋玉《登徒子好色赋》:"东家之子……登墙窥臣。"此言有人向己示爱。

②两难:主意不定。因为东邻西家难以抉择。

③锦瑟:指华美的青春恋情。李商隐《无题》诗:"锦瑟无端五十弦,一弦一柱思华年。"

④文禽:鸳鸯。

⑤蓬山:蓬莱仙境,爱人之居。"刘郎莫恨蓬山远,更隔蓬山一万重。"(李商隐《无题》诗)

⑥髿髾:发下垂貌。

词写恋情,夏公词中罕见之作。刻画心曲,委婉缠绵,生动入微。如"问年羞锦瑟,同命惜文禽","羞""惜"二字,轻怜深爱的模样,栩栩如生。末三句写梦中结想,两鬟髿髾中着一"仍"字,突出了想念的时间长度。"双泪"句着一"费"字,犹言为了沉吟怀想,费了多少相思的红泪。皆至情至性的感人文字。此词所述,大约是追忆其少年的恋人———一个叫钱蘅青的女郎。他写过七绝"昨夜东风今夜雪,催人愁思到花残","酒边记得相逢地,人间更没重逢事",还有"辛苦说相思,年年笛一枝"(《菩萨蛮》),以及"钟情难觅飘零梦,枉匆匆转队成毯"(《高阳台·杨花》)、"花间旧约梦中寻"《临江仙》,可说是这些作品的共同主题。

## 减字木兰花

### 丁丑暮春集鉴湖小云栖蒄梅精舍①

一九三七年春作

盟鸥单舸②,千古鉴湖原姓贺③。却笑方回④,头白家山只梦来。渡江风雨,唤起英灵同醉舞。招手三山⑤,谁是辛刘伯仲间?⑥

**注释**

①鉴湖:绍兴著名风景。作者1937年春曾来游。
②盟鸥:即以鸥鸟为伴。单舸:一只小船。
③姓贺:贺知章,越州人。晚年归隐鉴湖。
④方回:贺方回,北宋词家,为知章裔孙,有《鉴湖集》。杨时跋云:"辞义清远。"
⑤三山:鉴湖南岸有三山。
⑥辛刘:辛弃疾、刘过。二人曾约游鉴湖。

1937年,作者曾游鉴湖。单舸招鸥以寻贺老遗踪,起得雄健。"渡江风雨",指刘过应稼轩约拟渡江赴会不果而写的《沁园春》中首句,词以豪气冲天著称。"招手三山"指作者向三山打招呼。"谁是辛刘伯仲间"乃自喻之词,意谓自己将追随三贤之高风,从事豪放词的创作。节短而韵长,是借他人酒杯浇自己胸中块垒之佳例。

## 减字木兰花

### 过绍兴沈园

一九三七年作

小词拂拭,听角湖山寻禹迹①。白雁南来②,莫作惊鸿照影猜。云门归魄③,夜夜光芒瞻太白④。梦路防秋⑤,枕底南山虎髑髅⑥。

注释

①禹迹:禹迹寺,在绍兴。其南为沈园。陆游《沈园》有句云:"伤心桥下春波绿,曾是惊鸿照影来。"

②白雁:原指元伯颜丞相率军攻打杭州。民谣有"白雁南来"之语。此指日寇入侵。

③云门:绍兴有云门寺,建于东晋,著名禅林。

④太白:金星。用兵之象征。

⑤防秋:指防止金兵南犯之奏章。林景熙诗:"何人一纸防秋疏,却与山窗障北风。"

⑥虎髑髅:陆游《醉歌》:"谁知老卧江湖上,犹枕当年虎髑髅。"言其杀敌报国之心,老而不渝。

这首过沈园的小词,寓意却大。作者来到禹迹寺边的沈园,耳中却响起军号之声,使他想起了伯颜率元兵攻入临安的那幕历史。这里已不是惊鸿照影的儿女柔情了。从云门寺回来,夜空上充满了太白星的兵气。做梦都想到上前线防秋,头下枕着的还是他射杀老虎的头骨呢。通篇写陆游,将惊鸿照影的伤感化为金戈铁马的沙场杀伐之声,充满爱国的万丈豪情,就是此词的特色。

## 虞美人

### 望孟劬翁南归①

一九三七年作

百书一面重回首②,归计吴鸿后。严滩负了钓丝风,莫向铜驼陌上约相逢③。　　燕南赵北今何世④,鹃语堪垂涕。围城玉貌十年心⑤,忍见幽州日与陆同沉⑥。

**注释**

① 孟劬:张尔田之字。张为文史大家,清代举人,曾官刑部主事。民国时曾为燕京大学教授。弟张东荪,现代著名哲学家。
② 百书一面:成语,即百次通信不如一次见面。
③ 铜驼陌上:洛阳为西晋首都,有铜驼门。
④ 燕南赵北:此指北平,当时已为日寇占领地区。
⑤ 围城玉貌:典出《战国策》。秦兵围赵,邯郸告急,人心不定,而鲁仲连神态自若。魏使辛垣衍曰:"吾视先生之玉貌,非有求于平原君者。曷为久居此围城而不去也?"
⑥ 陆同沉:即陆沉。大地陷落,国家破亡。孟劬老后来未能走出北平,1945年殁于北平城内。

张尔田,一代宗师,对夏公奖掖良多,而二人未曾谋面。七七事变,陷于北平。夏公忧之,作词劝其脱身凶地,回到故乡杭州来。此词精于用典,语重情长,学人词之典范。

## 减字木兰花

玉岑既殁①,余欲写其遗词行世,逾年余亦大病,伤逝自念,辞不胜情。

一九三七年作

荒丘剑气②,一诺犹孤人换世③。残稿青山④,玉笥孤云唤不还⑤。有涯无益⑥,汗简难青头易白⑦。楚老相逢,后死龚生此恨同。

**注释**

①玉岑:词人谢觐虞,字玉岑。作者挚友。

②荒丘:指玉岑墓地。剑气:郝经《华不注行》:"平地拔起惊犀颜,剑气劲插青云间。"

③一诺句:谓整理玉岑遗稿尚未完成,辜负了诺言。

④残稿青山:谢朓筑室于当涂青山之南。这是以谢朓比谢玉岑。

⑤玉笥:山名,在浙东。陆游有"吹尽浮云天宇清……玉笥峰头看月生"之诗。

⑥有涯无益:项莲生《忆云词序》:"不为无益之事,何以遣有涯之生。"

⑦汗简:竹简,书之代称。青:杀青。以火烤竹简,令出汗,可以防蠹。

此词悼亡友,叹人生,语极沉痛。"荒丘剑气"见出玉岑才气之高杰;"有涯无益"慨叹生者之悲哀。沉吟讽咏,弥增友朋之重。

## 虞美人

丁丑七夕，叶遐庵在沪集词人为李后主作千年周忌①，读榆生词，感成此阕。

一九三七年作

南朝人是秋风客②，此恨无今昔。虞兮歌罢别宫娥③，千古重瞳无奈是情多④。　人生便合多情死，莫问他生事。百哀成就一词人⑤，明德楼前不用更销魂⑥。

**注释**

①叶遐庵：叶恭绰号遐庵。著名词人。
②南朝人：南唐李煜，都于南京，故云。秋风客：汉武帝。有"秋风起兮白云飞"之句。李贺《金铜仙人辞汉歌》："茂陵刘郎秋风客，夜闻马嘶晓无迹。"指此。
③虞兮歌罢：项羽《垓下歌》："虞兮虞兮奈若何？"
④千古重瞳：项羽、李煜皆重瞳子，又都有别嫔妃之哀词。
⑤百哀句：王国维《人间词话》："天以百凶成就一词人。"此用其义。
⑥明德楼：上海地名。

这首缅怀李煜的词，强调多情是词人的天性。项羽、李煜都是如此。为情能死的人便能写出不朽的篇章。至于身后与来生，也就可以不计了。惺惺相惜，可谓千古同心。此词别本亦作"泪痕被面说兴亡，又见台城杯酒别仓皇"，则指日寇进攻，南京又将面临南唐小朝廷的悲剧，则是忧念世运之悲感，角度与此有别。

## 水龙吟

丁丑冬偕鹭山谒慈山叶水心墓①,时闻南京沦陷。

一九三七年作

九原人比山高,海云过垄皆奇气。草间下拜,风前共忍,神州凄涕②。梁甫孤吟③,南园尊酒④,谁知心事。招放翁同甫⑤,精魂相语,南渡恨,鹃声里。　　沉陆相望何世。送千鸦、苍茫天水。遮江身手,可堪重听,石城哀吹⑥。临夜回飙,排闼余愤⑦,定惊山鬼⑧。待铜铙伴打⑨,收京新曲,唤先生起。

注释

①慈山:在温州。叶水心,名适,永嘉人。
②神州凄涕:谓许多地方沦陷于日寇铁蹄之下。
③梁甫孤吟:诸葛亮好为梁甫吟。
④南园尊酒:韩侂胄住南国,以抗金相号召。叶曾为韩家上宾。
⑤放翁:陆游号。同甫:陈亮字。
⑥遮江、石城二句:叶适曾知建康,尝拒金兵于江上。
⑦排闼句:推开皇宫大门,以陈治国方略。
⑧山鬼:《楚辞》篇名。
⑨铜铙:铜钲,指军歌。

"九原"二句,九泉下的灵魂高过大山险峰,连过海的长云也因此而焕发奇光,写足了墓主人之崇高,可谓惊人奇句。下片历数当时困顿时局,残破山河。继言叶水心遮江挫敌之神勇、排闼上奏之孤愤,是以史为鉴,直切当下。一结三句,以乐观之豪情断言必能高奏军歌,收复失地。到那时,再来禀报先生。真是字字精光、气冲牛斗的抗战必胜之宣言书。

## 减字木兰花

寄冷生①

一九三七年作

梅边笛里,冰雪相看人有几②?商略行藏③,坡颍平生愿未忘④。名山事业⑤,我亦乐闻人隐遁。卿法何如⑥?已倦飞腾可著书。

**注释**

①冷生:温州人梅雨清之字。冷生为作者至交。
②冰雪:杜甫《送樊二十三侍御赴汉中判官》:"冰雪净聪明,雷霆走精锐。"冰雪聪明喻人才高洁敏锐。
③商略:商讨。行藏:出仕与居家。
④坡颍:苏轼与苏辙兄弟。兄号东坡居士,弟曰颍滨遗老。
⑤名山事业:隐居著书,以藏之名山。
⑥卿法:你的打算。卿,第二人称,你。


冷生为夏公少年挚友,温州著名诗人。此词上片四句,言二人风致有如梅笛冰霜之高旷,感情则不减东坡兄弟之亲密无间。下片首言,我将遁隐名山,一心做学问去了!你是否也收拾向外飞腾的念头,闭门著书呢?如此着笔,可谓节短韵长、情深笔健之作了!

# 临江仙

## 寿高性朴先生七十①

一九三七年作

梦里谢池家咫尺,记陪二老从容②。故山回首乱离中。江湖招独鹤,书札负犹龙③。　满地秦灰满头雪④,相看心力雕虫。解嘲多事笑扬雄⑤。守玄何羡白⑥,剩有颊双红。

**注释**

①高性朴:浙江乐清诗人。

②二老:谓高性朴与刘次饶二位家乡前辈。

③犹龙:孔子曰:"吾今日见老子,其犹龙邪。"(《史记·老子韩非列传》)此是对高老的赞词。

④秦灰:秦朝劫灰。

⑤解嘲:扬雄赋名。

⑥守玄:扬雄著有《太玄经》。羡白:"羡白首之词臣,久赤墀之记注。"见吴敬梓《移家赋》。此言不必羡慕官禄。

此为寿乡邦老辈而作,贵在格高味永。"招独鹤"是以林和靖作比,"负犹龙"更抬出老子为喻。"何羡白"是不慕富贵,"颊双红"言面如童颜。如此安排,则境界高古。

## 浣溪沙

一九三七年作

空翠遥山不可名,鸟飞回处塔层层,珠玑照水几春灯。　笠屐重来成换劫①,阑干再凭似前生,为谁无恙此江声。

**注释**
①笠屐:斗笠与木屐。

此词作于1937年4月。春日游山,却充满忧生之嗟,时势使然也。上片多用倒装句式,技法与老杜"香稻啄余鹦鹉粒,碧梧栖老凤凰枝"相近。依语法当作"遥翠空山不可名,塔层层处鸟飞回,春灯照水几珠玑"。一经拗折,便加深了寻思体味之过程,诗味也更隽永生新。

## 鹧鸪天

### 送成业诸生西行①

一九三七年作

欲话西湖各怆神,巫夔归路亦兵尘②。重温旧梦真如画,不泣新亭要有人③。　　诗脱手,酒沾唇,何须攀柳更逡巡④。疏梅筋骨凭君看,数点能回天地春。

注释

①成业:毕业。

②巫夔:巫山、夔门,在三峡。此言毕业生将去抗战后方工作,然而重庆一带也充满了杀伐兵尘。

③新亭:南京地名。东晋渡江名士,常于此聚会,想起国家的倾败,多流泪痛哭。唯丞相王导说:"当共戮力王室,克复神州,何至作楚囚相对!"

④攀柳:折柳留别。逡巡:步履不前。

这是临别赠言。上片言虽国难深沉,令人悲抑,然仍当振作精神,为恢复神州奋斗。下片愈唱愈高,鼓励大家摆脱攀柳伤怀的小情调,学习疏梅迎寒怒放的精神,要唤回天地的生机元气。末二句取譬生动,气象发皇,令人振奋。

## 水调歌头

### 赠朝鲜志士

一九三七年作

短筑唱先咽①，大白泪同吞②。九原荆聂相望③，耿耿几精魂。照眼光芒百字，瞰户咽填万鬼④，风雨正昏昏。一咉吐真气⑤，翻海倒昆仑。　归国谣，收京乐，付诸君。当场只手能了，儿女莫沾巾。待饮黄龙杯酒⑥，忽动长城鼓角，黯黯九边尘。我亦有孤剑，植发望燕云⑦。

**注释**

①短筑：弦乐器名，其声悲亢激越。
②大白：一大杯酒。
③荆聂：荆轲、聂政，古之刺客。
④瞰户：望着民居门窗。咽填：咽气失声。
⑤一咉：以气吹剑首作声。
⑥黄龙：黄龙府，地在吉林农安，为金人发祥地。此指东京。
⑦植发：头发直立，怒发冲冠之意。燕云：北方，泛指失地。

抗战时期，朝鲜爱国志士多在中国。反日斗志高昂，一如前时刺杀伊藤博文的安重根。对于这样舍身报国的壮士，作者激情地高歌赞颂。用词曲的形式，保留了一段重要的史实。先以荆轲、聂政相比，极表推崇。"一咉"二句写足了义勇志士翻山倒海、扭转乾坤的神勇，可谓千古得未曾有之词境。下片急管繁弦，一气直下，有如破竹。最后言自己持孤剑，欲扫平幽燕敌穴。"植发"二字，奇矫威狞，创格之语。

## 暗 香

丁丑腊月,与徐堇侯、吴鹭山、方介堪、戴幼和、蒋云从诸子探梅茶山,诵白石"千树压西湖寒碧。又片片、吹尽也,几时见得"之句,黯然成咏①。何日重到杭州,当补填《疏影》也。

一九三八年作

段桥摩笛②。但水云梦里,依然寒碧。魂断翠禽③,一夜枝头暗筎咽。仙羽巢居归否?凭谁问、尧年消息④?料雪后、树树苔根,千丈劫灰黑。　　南北,寄未得。应念我故山,花下踪迹。塞鸿望极,黄竹哀歌况伤别⑤。寒暖商量未定⑥,已一半、飘流潮汐。剩点点、盘露恨⑦,似人泪滴。

**注释**

①徐堇侯:温州画家。吴鹭山:温州诗人。方介堪:温州篆刻家。戴幼和:温州诗人。蒋云从:名礼鸿,作者学生。茶山:地名,在温州郊区,多植梅树。白石:姜夔别号。千树三句:为白石《暗香》词中语。

②摩笛:吹笛。

③翠禽:"苔枝缀玉,有翠禽小小,枝上同宿"是白石《疏影》词中句。

④仙羽:指鹤。鲍照《舞鹤赋》:"伟胎化之仙禽。"尧年消息:指雪。元稹《白鹤》诗:"尧年值雪度关山。"

⑤黄竹哀歌:指难民流离道路。穆天子游苹泽,北风雨雪,有"我徂黄竹"之诗,以哀百姓。

⑥寒暖商量未定:指国民政府对联俄与联英美抗日举棋不定。

⑦盘露恨:魏明帝取汉武捧露金人承露盘归洛阳。金人临载,潸然泪下。

"感时花溅泪,恨别鸟惊心",此词之谓也。国难中探梅,残山断水,举目伤情。翠禽啁啾,凄如筎咽;梅根的青苔,黑如劫灰。塞鸿来路,难民在风雪中挣扎。而国事摇摆不定,花也飘零过半。剩下不多的梅花,像仙人的泪滴一样,令我伤悲。刻画苦难,设想真切入微,令人肝肠寸断,不忍卒读。

## 点绛唇

上海租界"八一三"纪念日大捕爱国青年①

一九三八年作

招得秋魂②,断笳先送斜阳去③。惊乌飞处④,南北山无数。打尽霜红⑤,迢递伤心路。长亭树,无声最苦,夜夜风兼雨。

**注释**

① "八一三":1937年8月,日军大举入侵上海,遭到激烈抵抗。翌年爱国青年于上海租界发起纪念活动。租界当局大捕青年,实行镇压。
② 秋魂:指爱国青年。
③ 断笳:凄断的号角声,指租界当局的镇压。
④ 惊乌:指受惊青年。
⑤ 霜红:指爱国青年。

词以象征手法表现爱国青年遭到追捕。"夜夜风兼雨",以凄风苦雨喻示反动当局的迫害行为,语似微婉而意却凝重。

## 小重山

### 题文天祥中川寺诗搨本①

一九三八年作

九死攀髯无涕挥②,龙翔门外路③,又鹃啼。过江搨本莫轻携。中川水,日夜斗蛟螭。　　魂魄恋清晖。几番桑海劫,一鸥飞。江山重过定沾衣。神游地,万鼓听潮归④。

**注释**

① 中川寺:即瓯江江心岛上的江心寺。寺中有文天祥词刻碑。
② 攀髯:《史记》载黄帝骑龙升天,小臣持龙髯,攀,堕黄帝之弓,乃抱弓与胡髯号泣。此言天祥舍身保护宋室江山。
③ 龙翔门:中川寺之门。
④ 万鼓:形容潮声。

睹物思人,充满忠义奋发之气。作者见到江心寺所刻《正气歌》搨本,乃引发无限慷慨爱国之豪情。"过江"三句,两面关锁。一言忠义无价,二言时局险恶。下片之"魂魄"指天祥若重来,睹此沧海扬尘之劫难,定当哀痛。结以万鼓听潮,寓奋起抗争之意。

## 临江仙

集友人园林,归得鹭山书。

一九三九年作

权作武夷山顶会①,人间万事如麻。尊前相望抵天涯②。题襟犹汐社③,吹帽尽胡沙。　　客里香醪从似蜜,不归总负黄花。叩门一盏雁山茶,平生吴季子④,归梦为君赊⑤。

**注释**

①武夷山:相传为仙灵所居,此指雅集如神仙相聚。
②尊前句:尊前对酒,却有天涯之感。犹言国难深重。
③题襟:题写襟抱所感。晚唐温庭筠、段成式、余知古互相唱和,有《江上题襟集》。
　汐社:南宋遗民谢翱等人结为汐社,以抒愁抱。
④吴季子:春秋时吴国贤公子季札。此指吴鹭山。
⑤赊:欠也。此言暂欠归聚之梦,不久将往。

纵有沪上雅集,但当此万事如麻的乱局,胡沙吹帽,战氛日逼,又如何能乐得起来?客醪纵美,难比故乡的秋菊,待来日与贤公子一圆乡关之梦。笔姿活泼,情致高雅,令人神驰无尽。

## 水龙吟

题霜崖翁遗札①,翁以己卯三月十八日谢世云南大姚村,后八日方闻其讣,后半月接其三月十日书,作此志痛。

一九三九年作

要离冢畔青山②,五噫歌罢愁风雨③。滇云南望,烽高雁断,此行良苦。楚畹都空,吴歈纵好④,何怀故宇?诵远游一阕,昆仑阊阖⑤,骖鸾到,鞭龙去⑥。　　昨夜天风一纸,伴清箫、梦中亲付。开天旧事,人间谁记,霓裳宫羽。风洞山头,杜鹃声里,神游前度。料逢迎犹有,村姑野老,唱霜花谱⑦。

**注释**

①霜崖翁:吴梅字瞿安,号霜崖,苏州曲学大师。抗战时避兵云南。1939年逝世。

②要离:春秋时吴国勇士。受吴王阖闾派遣,以苦肉计去刺杀庆忌,果得成功。庆忌临死前曰:哪有一天杀两勇士之理,嘱卫士放之。要离回国报命,亦伏剑自杀。其坟在泰伯陵旁。与梁鸿、专诸墓作"品"字形。

③五噫歌:后汉梁鸿作。因讽刺朝政奢华,流亡吴地,与妻孟光为佣人以度日。

④楚畹二句:屈原"余既滋兰之九畹"。此谓苏州沦陷,兰畹都空了。吴歈:吴歌,苏州民谣。

⑤远游:屈原有《远游》篇。昆仑阊阖:《离骚》中所说的天门。

⑥骖鸾:乘凤。鞭龙:骑龙。此谓霜崖逝世。

⑦霜花谱:吴梅著有《霜崖诗录》《霜崖词录》等。

词情悲壮沉痛。开篇引出侠义干云、高节照世的要离、梁鸿来突显吴梅老人的环境背景。接写避乱远行,在苦怀乡邦中骖鸾离世。赋情之高,烘托之妙,悼词中罕见。下片写其著作、书札,长留人间,为世所重。所谱词曲,仍被村姑、野老传唱不断,清芬永存。悲壮骚雅,此词之谓也。

## 扬州慢

### 送丁怀枫归扬州①

一九三九年作

白雁谣长②，啼乌泪尽③，江船归兴何浓。折秋花赠别，满鬓是西风。寻梦路、已非故国。竹西消息④，歌断箫空⑤。看二分月底⑥，惊飞阵阵哀鸿⑦。　　春衫白纻，正年年、邀约芒筇。奈回首先惊，山河垆下⑧，身世墙东⑨。珍重冰霜颜色，涉江人、手把芙蓉。梦锦囊醉墨⑩，春风世界重逢。

注释

① 丁怀枫：丁宁字怀枫，扬州女词人。
② 白雁谣长：宋季童谣"白雁渡江来"，后元宰相伯颜率兵灭南宋。
③ 啼乌：白居易诗："慈乌失其母，哑哑吐哀音。"时怀枫有丧母之戚。
④ 竹西：扬州有竹西亭。
⑤ 箫空：杜牧《寄扬州韩绰判官》诗："二十四桥明月夜，玉人何处教吹箫。"以箫空说明扬州沦陷，已无人吹箫了。
⑥ 二分月底：徐凝诗："天下三分明月夜，二分无赖是扬州。"
⑦ 哀鸿：鸿雁哀鸣，形容难民流离失所。
⑧ 山河垆下：《世说新语》："王濬冲经黄公酒垆下过，顾谓后车客曰：'吾昔与嵇叔夜、阮嗣宗共酣饮此酒垆。今日视此虽近，邈若山河。'"此言友朋离散。
⑨ 身世墙东：《后汉书》："避世墙东王君公。"
⑩ 锦囊：李贺出游，命小奴携锦囊随后，得句则贮囊中。

上片哀音满纸：从铁骑纵横、慈母去世，到哀鸿遍野，难民流徙。生民苦难极矣。这就是那个苦难年代的真实写照。然而作者的词心并不消极，能从低沉中振起，看到了希望。"珍重"以下四句，强调只要坚持操守与理想，就一定能获得胜利，会在春风世界里重逢。这个亮色的结尾，反映了作者积极进取的精神取向，也给读者以希望和鼓舞。

## 荷叶杯

### 饮呋庵静村新居①

一九三九年作

卷叶劝酬家醖,休问,门外几斜阳。人间无此北窗凉②,晋宋倦思量。　　寂寞十年心迹,消得,一榻鬓丝风。西江只在画屏中,招手几归鸿。

**注释**

①呋庵:夏剑丞号。剑丞为老辈词人,书画名家。曾同龙榆生、夏承焘创办《词学季刊》。其妻左又宜,宗棠女孙,亦工词。

②北窗凉:陶渊明《与子俨等疏》云:"尝言五六月中,北窗下卧,遇凉风暂至,自谓是羲皇上人。"

剑丞名门才彦,词坛老辈,与夏交谊颇密。"人间无此北窗凉,晋宋倦思量"二句称颂其为渊明一流人物,晋宋以下不足挂齿。可见人品之高。"西江"二句,写其归思之浓。寥寥几笔,便将人物生动画出。点睛手段,浑不易得。

## 临江仙

呈廅隐师①，时予阻兵不得归省

一九四〇年作

四海一师今八十，苍颜梦里依然。几人清福到华颠？横流吟烛外②，孤兴野鸥前。　遗我黄庭能却老③，何时风引归船？但求亲寿似公年④。不须丹九转⑤，会见海三田⑥。

注释
①廅隐：张棡字震轩，号廅隐。作者业师。
②横流：沧海横流，指日寇入侵。
③黄庭：道经名。却老：延迟衰老。
④亲寿：父母之寿。
⑤丹九转：九转金丹，旧说可以长生不老。
⑥海三田：谓沧海三次变成桑田。此言长寿。

张震轩先生是夏公温州师范的老师，正是他把夏公引向词学之路，师生情义深笃。此词充满敬爱之心。"四海一师"犹言天下名师，用笔敬重。"横流"二句，世乱纷纭，仍不减山水吟兴，则其高情远韵可知了。最后以"不须丹九转，会见海三田"作结，不须求仙而自享高寿，一派祥和福寿气象，令人读之欣快。

## 卜算子

### 咏 荷

一九四〇年左右作

何处冷香多①,愁忆凌波路②。千舸围灯梦里湖,有泪如盘露。待问几时莲③,惊散双飞羽④。夜夜秋塘听雨心,商略阴晴苦⑤。

**注释**

①冷香:荷花。
②凌波:形容女子步态轻盈。"凌波微步,罗袜生尘。"见曹植《洛神赋》。
③几时莲:"莲"与"联"同音。
④双飞羽:分飞鸳鸯。指夫妻离散。
⑤商略:商量,酝酿。姜夔《点绛唇》词:"数峰清苦,商略黄昏雨。"

此为回忆西湖赏荷之作。舣舟苏堤,赏冷香问事。这里的"愁忆""有泪如盘露"皆说明杭州已沦于日寇之手。"待问"二句是设想分飞的鸳鸯何时能够重聚。最后以"商略阴晴苦",表达词人凄暗的乡心。如此咏荷,语极凄苦,时代使之然也。

# 踏莎行

报鹓雏①

一九四〇年作

酒后乡心,雁边兵气,隔年盼断相思字。笳声绕枕梦先惊②,花枝照眼诗都废。　　池北生涯③,墙东身世④。何时办个为邻地?一瓯分享雁山茶,十年共饮西湖水。

**注释**

①鹓雏:即南社诗人姚雄伯,号鹓雏。
②笳声:军乐声。"笳鼓喧喧汉将营。"(祖咏诗)
③池北:王士禛有《池北偶谈》。
④墙东:隐居。《后汉书·逸民传》:"避世墙东王君公。"

附题曰"报",答也。这是对姚君来信之答复。"酒后乡心",自指。时在上海任之江大学中文系主任。"雁边兵气",指雁荡一带已成战场。"笳声""绕枕"想象战中花事都废,妙于作对。下片言池北、墙东远隔两地,何时结邻西湖呢?风致清雅,令人神往。

## 踏莎行

重熙、苏簶先后自万县、九龙来会①,皆之江从游也。

一九四〇年作

出峡长谣,过江孤啸。秋笳声里抽帆早②。蓬莱三浅一相逢③,何能青鬓长年少。　铁弩潮高④,钱塘月老。江山如画难重到。人间正有事无穷⑤,不须便说相逢好。

**注释**

①重熙:姓孙。苏簶:姓张。皆夏公学生。
②抽帆早:升帆早。此言动身早。
③蓬莱三浅:海枯三次,历劫三番之意。
④铁弩句:钱镠以铁弩射退钱塘恶浪。此言杭州江山之美。
⑤事无穷:指抗日重任在身。

词喜友生之远至,却以抗日重任相勉,立论正大。"铁弩""江山"诸语,清劲雄奇,自成高格。

## 鹧鸪天

一九四一年辛巳正月十一日，四十一岁。答乡友问归志。

一九四一年作

　　能学扬雄亦壮夫①，肯抛心力事虫鱼②。门前那有谈玄客？身外都无覆瓿书③。　　能饮否，有诗无？几回合眼梦江湖。天台雁荡青千仞，忍共谁繙九域图④？

**注释**

①扬雄：汉代文学家，尝谓"雕虫篆刻，壮夫不为"。此反其意。
②肯抛：愿抛。
③覆瓿书：扬雄著《太玄经》，刘歆曰："吾恐后人用覆酱瓿也。"
④九域图：陆游《书叹》诗："书生有泪无挥处，寻见祥符九域图。"此言中华大地多已沦陷，不忍翻看国家地图了。

词言平生志在著述和山水清游，可现在国土沦亡，连地图都不忍翻阅。中间插入"梦江湖""青千仞"诸语，加以跌宕，便生动、深刻，令人感慨无尽。

## 虞美人

一九四一年作

九衢尘里千虫倮①，火狱当前堕②。人间无价一丝风，却在牛栏西畔豕牢东③。　南窗如水归摊卷④，独享成长叹。层冰积雪满高坤，安得手提天下上昆仑⑤。

**注释**

①倮：赤体。谓人无羽毛鳞介以蔽体。《孔子家语》："倮虫三百有六十，而人为之长。"

②火狱：酷热。

③豕牢东句：谓牛栏猪圈的农村有凉风。

④南窗句：谓南面风凉之地被摊贩簇拥着。

⑤高坤：厚土大地。层冰二句：王令《暑旱苦热》诗："昆仑之高有积雪，蓬莱之远常遗寒。不能手提天下往，何忍身去游其间。"

这首苦热之作用语硬拔，构思奇矫，酷似退之，为天风阁词之别响。人堕火狱，转而羡慕乡下牛栏边的微风。遥想层冰积雪的昆仑，真想把苦热的民众安置到那里去。"手提天下上昆仑"源自北宋王令的《暑旱苦热》诗，诗人毛泽东1935年长征到岷山，远望西方皑皑无尽的雪，也挥笔写出了"安得倚天抽宝剑……环球同此凉热"，早于此词六年，然平均凉热之思却并无二致。

## 鹧鸪天

### 题杨铁夫双树居词①

一九四一年作

校梦庵中领瓣香②,苕溪一派向南长③。琼楼弹指春如绮④,锦瑟笺愁鬓已霜⑤。　　茅一把,木千章⑥,江风归路最清凉。人生大好杭州住,桂子荷花奈断肠。

注释

①杨铁夫:名玉衔,号铁夫,广东香山人。曾官广西知府,时任无锡国专教授。
②校梦庵:铁夫斋名。校勘吴梦窗词,故以为斋名。瓣香句:钦佩之意。
③苕溪一派:指朱孝臧,家苕溪。杨学朱词而家在广东,故云。
④琼楼:指吴梦窗词如七宝楼台。
⑤锦瑟:李商隐诗"锦瑟无端五十弦"。此指词风华美。
⑥茅一把:谓诛毛盖屋。杜甫诗:"傍此烟霞茅可诛。"木千章:大木曰章。

杨铁夫为夏公先辈,学问文章、政声人品,誉满四方,时与夏公同任教于无锡国专。此为题其词集之作。首言其精通梦窗词,是彊村词派南传的代表人物。继赞其词风春满琼楼,美如绮绣,老而弥笃。最后劝他移家杭州,好领略桂子荷花之美景。词笔清丽,宛转关情。

## 减字木兰花

辛巳八月十二日,与瑗仲集诸友好为龚定庵百年周祭①。

一九四一年作

九州秋气,欲酹芙蓉惊换世。魂魄重过,涕泪东南应更多。酬君杯酒,不屑雕龙与屠狗②。一事输君③,只见红桑一度尘。

**注释**

①瑗仲:王蘧常字,王为书法家,复旦大学教授。定庵:龚自珍别号。
②雕龙:指文章撰述。刘勰有《文心雕龙》。屠狗:樊哙追随刘邦夺取天下,出身屠狗。高旭《元旦》诗:"剧怜肝胆存屠狗,失笑衣冠尽沐猴。"此句言自珍目空天下之个性。
③一事输君:犹言只有一件事不如你,那就是你只赶上鸦片战争这场祸乱,而我却生于劫难无穷的乱世。

以龚自珍的时代与其为人来对比当下乱局。构思甚奇。"不屑雕龙与屠狗",以隐喻刻画定庵性格,可谓思笔俱超。最后"一事输君",语带反讽,更令人忍俊不禁。

## 鹧鸪天

### 和养癯翁忆杭州词①

一九四二年作

情话江湖不忍长,当时只道是寻常。箫声正好惊城角②,花事都空剩佛香。　　诗酒伴,水云乡,人生几度少年场。西湖鸥鹭多尘劫,莫把秋莲说断肠。

注释
①养癯翁:姓孙,诒让翁之孙。浙江大学教授。
②城角:城上的军号声。

战乱流离中而作太平人想。以平常话语出之,更觉凄暗悲凉。"西湖鸥鹭多尘劫,莫把秋莲说断肠。"鸥鹭都已蒙劫,不要再藕断丝连,来折磨自己了吧。用进一层修辞技法说出,更令人难以为怀。

## 临江仙

龙泉浙江大学风雨龙吟楼在乱松中①,作此呈养癯翁。

一九四二年作

谁种苍皮千尺铁②,楼头对卧犹龙。五更万壑度笙钟③。为君招海月,看我舞天风。　　西北神州愁极目④,年年去鹤无踪。乍惊剑气满南东⑤。雷霆看破壁,爪甲欲拏空。

**注释**

①风雨龙吟楼:在浙江龙泉山中,该年浙江大学龙泉分校迁此。

②苍皮千尺铁:指长松枝干奇矫苍劲。

③万壑句:言风过松中,如奏笙簧。

④西北神州句:宋戴复古《水调歌头》:"直把气吞残虏,西北望神州。"此用其意。

⑤剑气:指民众抗日士气高昂。

1942年初,之江大学在上海租界的校园被封,迁入龙泉办浙江大学分校。作者遂来此任教。该词推重气节,故以长松为喻。苍皮铁干,偃卧犹龙。特别是结尾三句,浓笔重抹,将象征民族精神的剑气与雷霆风雨之神龙气魄,表现得活灵活现,令人振奋。

## 鹧鸪天

鹭山来书，谓须有岩岩气象，作此报之①。

一九四二年作

南雁西乌唤不回②，浩歌谁尼我归哉③？故人劝作冰霜面④，孱妇知酬潋滟杯⑤。　行鳖䴘⑥，坐尳堆⑦。有时吾驾亦难回。明朝沟壑安心等⑧，昨夜溪山入梦来。

**注释**

① 岩岩气象：朱子《近思录》称孟子有"泰山岩岩之气象"。大气磅礴之意。
② 南雁西乌：王士禛《秋柳》诗："相逢南雁皆愁侣，好语西乌莫夜飞。"西乌，指落日。
③ 尼：阻止。
④ 冰霜面：指严厉对待行节有亏的朋友。
⑤ 孱妇：老妻之谦称。
⑥ 鳖䴘：联绵词，不良于行貌。
⑦ 尳堆：联绵词，坐立艰困貌。
⑧ 沟壑：溪谷，填沟壑，指死亡。

从"浩歌谁尼我归哉"及"昨夜溪山入梦来"看，通篇都是乡思。中间串以"冰霜面""潋滟杯"与"鳖䴘""尳堆"诸语，家常情话，活灵活现，可作自画像看。

## 蝶恋花

将归雁荡,诸从游饯别。梦苕翁并贶长句。念陈苍虬"来去堂堂非聚散"句,足成俚词奉报①。

一九四二年作

留得樽前相见面,且引离杯、莫问愁深浅。来去堂堂非聚散,归心指点南飞雁。　　我有家山东海岸,八表归来、奇翼林间满②。辛苦路长兼日短,念他无限随阳伴③。

**注释**

①从游:门下学生。梦苕:钱仲联号。陈苍虬:上海老辈词人。
②奇翼:陶渊明《连雨独饮》诗:"云鹤有奇翼,八表须臾还。"
③随阳伴:大雁。

此词作于1942年3月。上月之江大学被日伪查封,乃有归返故乡之行。与诸生告别而云"来去堂堂非聚散"。是壮别,无一点儿女之态。"奇翼林间满"更是以冲霄云鹤勉励从游诸生。词情慷慨,大气磅礴,令人敬佩。

## 虞美人

与心叔、逸群、从周小集上海公园①。

一九四二年作

后庭花变青芜国②,旧径莺犹觅。千红逝水一时休,却遣枝头小朵管春愁。　　西枝东与南柯北③,欲去何由得?独携铁笛过欢场④,谁信吹箫帘户易斜阳⑤?

**注释**

① 心叔:任铭善字。逸群:姓宓,作者友人。从周:陈郁文字,作者学生。
② 后庭花句:言贵家池馆已一片荒芜了。
③ 西枝:地名。杜甫有《西枝村寻置草堂地》诗。南柯:过眼繁华之梦境。李公佐有《南柯太守传》。
④ 欢场:享乐之地。
⑤ 吹箫帘户:仕宦之家。其时东南沦陷,权贵人家纷纷迁蜀。

词写春游之观感。转瞬间春光逝尽,只剩下残枝小朵向人诉说着春愁。西枝、南柯互文,南北东西',都不能涉足,只好独携铁笛看人世的沉浮了。

## 鹧鸪天

沪寓除夕赠妇①

一九四二年作

霜树惊乌动四邻,家家儿女笑啼频。风波幸免应怜我②,糠核能肥却笑君③。　村酒艳,岁灯新。人间何物是真贫,遗山诗句同君诵,沧海横流要此身④。

**注释**
①赠妇:此指游夫人柔庄。
②风波幸免:指免去了汪伪方面的拉拢。
③糠核能肥:麦糠中不破的核,粗劣的粮食。《汉书·陈平传》:"亦食糠核耳。"
④沧海句:元遗山《即事》诗:"秋风不用吹华发,沧海横流要此身。"

"沧海横流要此身"为全词之魂。危苦之中,存得此心,自能履险如夷,以全大节。所谓"富贵不能淫,贫贱不能移,威武不能屈",乃士君子立身之道也。

## 水龙吟

### 皂 泡

一九四二年作

九天欬唾何人？乱珠零琲风多处①。斜阳影里，儿童气力，吹嘘徒苦。咒水初成②，抛球难系，花梢偷度。有玲珑台阁，夭斜人物③，乍明灭，看来去。　　只道青冥易到④，仗轻风片时抬举。等闲谁料，未容着地，已随零露⑤。扫尽繁星，一轮端正，乍惊窥户。是旧时片月，山河无恙⑥，看骊龙吐⑦。

**注释**

①九天二句：李白诗："欬唾落九天，随风生珠玉。"琲（bèi）：珠串，百枚曰琲。

②咒水：魔术，咒水成珠。

③夭斜：不正。

④青冥：青天。

⑤零露：皂泡破灭而落下。零：落。

⑥山河：佛氏谓月中所有乃大地山河影。典出《酉阳杂俎》。

⑦骊龙吐：指明月。

此词上片以皂泡般的夭斜人物，喻往南京汪伪政权效力的文人。下片言这种轻风抬举是不可靠的，必将破灭。而中华民族终将克服困难，如皓月东升光照全球。立意庄严重大，设譬生动巧妙。

## 鹧鸪天

示无闻①

一九四二年作

秋柳无诗吊白门②,荷花有约住青墩③。偶听客颂牛心炙④,便教妻裁犊鼻裈⑤。　　歌乞食,和停云⑥。南朝出处共谁论。可知误尽高流事,正坐吾曹恕醉人⑦。

注释

① 无闻:吴无闻,作者好友吴鹭山先生胞妹,无锡国专时从夏公学习,后与先生结为婚姻。
② 白门:南京。杨铁崖有诗名"白门柳"。王渔阳《秋柳》诗:"秋来何处最销魂?残照西风白下门。"此用其意。
③ 青墩:吴兴地名。陈简斋词:"今年何以报君恩,一路繁花相送过青墩。"
④ 牛心炙:《晋书》载,周顗在席上先割牛心炙与王羲之,人以为荣。时有朋辈投南京,来信谓得汪逆盛情款待,故以此讽之。
⑤ 犊鼻裈:《史记》载司马相如"自着犊鼻裈(围裙),与庸保杂作,涤器于市中"。
⑥ 乞食:陶渊明有《乞食》诗。停云:陶渊明《停云》诗序云:"思亲友也。"
⑦ 高流:高贵人物。恕醉人:陶渊明《饮酒》诗:"但恨多谬误,君当恕醉人。"

此以醉歌的形式言志,表达了对投伪者的反讽。言自己但愿追随渊明甘苦自励,不羡慕豪门的华筵。"便教妻裁犊鼻裈",一篇诗眼,高风可敬。

## 满江红

抱香翁来书叙别①,寄此相劳。

一九四二年作

我听翁吟,笑秦七、不如黄九②。谁画出、骨头倔强,心肠僝僽③。湖海才情空费泪,燕莺声调慵开口。倚江楼,欲和一枝箫,惊刁斗④。

沧桑事,西湖柳。行藏事,东山酒。问翁还记否?翁都摇手。孤住径须携两屐,重逢不必沾双袖。待借君、一榻俯烟涛⑤,看龙斗⑥。

**注释**

① 抱香翁:广东香山词人杨铁夫之号。
② 秦七:秦少游。黄九:黄山谷。二人词风有豪、婉之别。秦词偏于软媚,黄词则以瘦硬著称。
③ 僝僽:忧愁。
④ 刁斗:古代军中的铜制炊具,夜则击以自警。
⑤ 俯烟涛:杨翁云将结庐海南孤岛。
⑥ 看龙斗:时南洋战氛正急。

此为送别铁夫老人归南海之作。首言老人词风豪健迈往。江楼赋句,充满抗日军声。继言其虽有东山之隐,仍将俯瞰风涛,写出龙争虎斗的鸿篇力作。以苏辛壮气,画出了这位爱国词翁的凛凛风神,不愧名作。

## 临江仙

古津席上,名山翁示诗云:"明岁春风二三月,吾曹犹及看花否?"作此为报①。

一九四二年作

欲待看花寻醉伴,醉中容易沾巾。明年红紫属何人?无穷门外事②,有限酒边身。　并恐花无逃劫地③,不如随水成尘。恼他莺燕语殷勤④。斜阳余一寸,禁得几销魂⑤?

**注释**
①古津:作者友人,姓严。名山:即钱振锽,号名山。
②无穷句:指世事变化无端,令人伤痛。
③并恐句:花也难免被摧残。
④莺燕语殷勤:指汪伪门下的文化人还时常在耳边聒噪,令人烦恼。
⑤斜阳二句:言日伪的日子不会长久了。销魂:快意地享受。

名山翁光绪进士,生于1875年。时已近七旬。诗有迟暮之感。夏公借题发挥,词似老杜《春望》"感时花溅泪,恨别鸟惊心",然角度有异。"并恐花无逃劫地,不如随水成尘。"哀心痛语,非凡手可及。

## 虞美人

感　事

一九四二年作

千红一片残鹃血,犹自惊啼䴗①。双鸳头白倘思归②,莫待红桑谢了海尘飞③。　关山夜夜闻孤管,数尽更长短。情天老了梦沉沉,只有一星识我倚楼心④。

**注释**

① 千红句:言春花已谢,只有杜鹃仍在啼血呼唤着"不如归去"。啼䴗:杜鹃的别名。
② 双鸳句:似指词友龙榆生夫妇,有心从南京自拔归来。
③ 红桑:曹唐诗:"海畔红桑花自开。"此句用"莫待"二字,有劝词友及早抽身,脱离南京归来之意。
④ 只有句:一星,似指前友,表示出惜才爱友的苦心。

此词为误入歧途友人而发。取类比喻,凄美悱恻。"情天"二句将一段护惜、期盼之深情表现得悱恻缠绵极矣。此类境界殊未易到。

## 虞美人

### 自杭州避寇过钓台

一九四二年作

年年单舸哦诗到①,不负江风好。夜乌声里酹西台②,为报这番不是看山来。 一星在水依然碧③,世外今何夕?故人出处幸相忘,容我五更伸脚过桐江。

**注释**

①单舸哦诗:坐在一只小船上吟诗。
②西台:桐庐富春山有东西二台。西台亦名子陵钓台。宋谢翱曾登西台祭奠文天祥。
③一星:指客星。严子陵与光武同宿,加足于帝腹。翌日天文官言:"客星犯帝座。"又厉鹗《百字令》:"万籁生山,一星在水,鹤梦疑重续。"此用其意。

词写家山清景,却今昔有别。前时单舸哦诗,何等爽快。而此番避寇过此,心境迥然不同。然而家山依然是万籁生山,一星在水,仍有世外桃源之感。那就让我偷闲片刻,忘却一切烦恼,伸直双脚,作一次自在舒心的夜游吧。雅怀高致,何减古贤。

## 鹧鸪天

壬午春,携眷属友生离沪返温,于甬台道中,日行七八十里,过郭卿庙日军岗哨作①。

一九四二年作

黯黯乡心托杜鹃,迢迢星月满川原。数州消息愁瓯脱②,一士身名幸瓦全。　龙纵壑③,鹤还山。风云难料道途间。南来琨逖知谁是④?惭愧胡儿着意看⑤。

**注释**

①甬台道中:作者经过宁波、临海到温州乐清县鹭山之家。过郭卿庙句:指途中之日军哨所,盘查甚严。

②瓯脱:指战场之工事、碉堡。

③龙纵壑二句:言从上海沦陷区回到敌后的故乡,有如蛟龙得水,仙鹤还山。

④琨逖:刘琨、祖逖,西晋末年深入敌后的抗胡将领。

⑤胡儿:此指郭卿庙哨所的日军。

上片写星月兼程归家途中凄暗的乡情,下片写到家的欣悦。有如蛟龙得水、云鹤冲天。结尾二句,俨然以义士刘琨、祖逖作比,让你们这些无恶不作的胡儿惭愧去吧。可说豪情浩气、力透纸背了。

## 鹧鸪天

一九四二年作

万事兵戈有是非①，十年灯火梦凄迷。南辛北党休轻拟②，雁荡匡庐合共归③。　　持涕泪，谢芳菲。冤禽心与力终违④。衔山填海成何事，只劝风花作队飞⑤。

**注释**

①是非：此言兵戈战事有正义与非正义之别。
②南辛北党：辛弃疾与党怀英同学。后辛归宋，党出仕于金。休轻拟：不可轻下判断。
③雁荡句：夏公家雁荡，榆生家江西。应当一同归老家山。
④冤禽：指汪精卫。此句言其所谓"曲线救国"必不得行。
⑤风花作队飞：最后只能是随风飘落，下场悲惨。

此乃怀念江西词友之作。龙、夏二君感情深笃，并合力创办《词学季刊》，开一代学风。早期榆生对夏公扶助尤多，夏公心存感念，而对榆生之投南京，心实痛之，字里行间充满痛心和惋惜。后榆生终得人民谅解，在文化建设上续有贡献，并得毛公接见。这一对词坛巨擘的管鲍之谊，终于画上了一个比较圆满的句号。

## 贺新郎

### 雁荡灵岩寺与鹭山夜坐①

一九四二年作

办个蒲团地②。好同君、僧房分领,十年清睡。钟鼎箪瓢都无梦③,但乞松风两耳。便无事、须人料理。倦矣平生津梁兴④,念兵尘藕孔今何世⑤。滩响外,夜如此。　　昨宵梦跨双鸾逝⑥。俯下界、云生云灭,洞箫声里。唤起山灵听高咏,山亦阅人多矣。问磊落英奇谁是?突兀一峰云外堕⑦,更破空、飞下天河水⑧。山月落,晓钟起。

**注释**

①灵岩寺:在雁荡山灵岩峰上。群峰环耸,风景绝佳,为东南著名禅林。
②蒲团:用蒲草编成的圆形坐垫,供坐禅拜佛用。
③钟鼎:钟鸣鼎食,富贵之家。箪:竹器。瓢:饮水之具,贫者用具。
④津梁:过河曰津,桥曰梁。言碌碌道途。
⑤兵尘藕孔:佛书云,阿修罗与帝释战且败,被砍去手脚,遁身藕丝孔中。
⑥双鸾:峰名,在灵岩前。
⑦突兀一峰:天柱峰。在灵岩寺前,与展旗峰相对,极为奇险。北侧摩岩有"壁立千仞""天不塌,赖以柱其间"诸字。
⑧天河水:指附近的大龙湫瀑布。

游山之绝品。一起三句,从小小蒲团说起,要领略人间十年清睡,神清透骨之句。入耳松风,高过了人间富贵,一切人世的烦恼都可以放下。下片以梦跨双鸾,俯瞰下界,用笔于虚处,何其神奇灵妙。最后以天柱之高奇,龙湫之奔泻,与山月、钟声作结。此境只应天上有,人间哪得几回逢?一百十六字,写尽了雁荡之胜概奇情,令人有观止之叹。

## 小重山

壬午冬，初到龙泉风雨龙吟楼，心叔自如皋寄诗云："我自沉沉无酒兴，却看众醉独成眠。"拈为起调①。

一九四二年作

愁自依然醉偶然。怕看人酩酊、独成眠。阑干高下月明边。听箫地、忽有雁连天。　招手武夷仙②。何时来抵足③、宿松巅。不须倦鹤问归年④。匡床下⑤，一片是风烟。

**注释**

①壬午：1942年。浙江大学在龙泉办分校，夏公入住风雨龙吟楼。心叔寄诗，即用为起句，情调依黯。

②武夷仙：心叔时在武夷任教职，故云。

③抵足：足对足而同眠。

④不须句：不要像丁令威一样驾鹤归去。犹言此地正可宜居。

⑤匡床：方方正正的床铺。

上片一、二句写任心叔心忧时局，有独醒之叹。三、四句写龙泉现状尚佳，可以月下吹箫自遣。下片意在招心叔来龙泉共事，抵足谈文，可享受风烟之清福。格高而笔妙，虽小却好。

## 鹧鸪天

### 和养癯翁山中忧饥①

一九四二年作

不向华堂照酒波，松窗月似镜新磨。冬烘相对神仍旺②，春梦先醒鬓未皤③。　　行答飒④，舞婆娑⑤。未能摊饭且高歌⑥。山头蕨与沟中瘠⑦，何似朱门饱死多。

**注释**
①时薪饷不济，浙大有解散之说。
②冬烘：联绵词，糊涂，不清爽之意。此为自嘲。
③皤：白发。
④答飒：联绵词，懒散之意。
⑤婆娑：姿态蹁跹。
⑥摊饭：午睡。典出《诗人玉屑》。
⑦沟中瘠：沟中饿莩。

以乐观的精神面对困难，最见诗翁定力。上片言不羡华堂的酒肉，与松月清风相对，一群冬烘先生很能自得其乐。下片写随心地溜达，恣意地放歌，尚有蕨菜充饥，比起朱门外的饿死鬼，究竟孰高孰低？谑语排愁，清流高致。词中别调，令人忍俊不禁。

## 水调歌头

壬午腊月望夕,与声越行月龙泉山中,忆严杭雁荡旧游,作此和声越,并寄鹭山①。

一九四二年作

惟有雁山月,知我在江湖。泷滩照影如镜②,昨梦过桐庐。一卷六桥箫谱,一枕六和铃语③,便欲老菰蒲④。哀角忽吹破⑤,清景渺难摹。　烟瘴地⑥,二三子,共歌呼。人生能几今夕,有酒恨无鱼。长记白溪西去,只在绛河斜处⑦,风露世间无。归计是长计,来岁定何如?

**注释**

①声越:徐震堮字。徐时任浙江大学教授。
②泷滩:严州桐江七里泷,风景绝佳。
③六桥:苏堤桥名。六和:六和塔,在钱塘江边。
④老菰蒲:长住菰蒲江边。
⑤哀角句:军号声。此句谓日寇入侵,破坏了和平生活。
⑥烟瘴:烟岚与瘴气。偏义复词,重在烟景。此处指龙泉、岚光之美。
⑦白溪二句:指雁荡山入口处。绛河:银河。

与良友月下散行。联想到泷滩打桨,六桥聋笛以及六和闻铃的生活,何等清逸优雅,但却被日寇的铁蹄踏碎了。下片描写携良友清风明月中,踏歌吟啸,乐以忘忧。"穷且益坚,不坠青云之志"者,正此之谓也。

## 小重山

挈家避地瞿溪,谢鹭山雁荡之约①。

一九四三年作

春草生时别谢池。廿年重照影,过瞿溪。去来踪迹客儿诗②。看山约,心事夜鹃知。　一诺负临歧③。故人书数纸,鹿门期④。江湖单舸欲何归?龙湫月,魂梦为君飞。

**注释**

①瞿溪:在温州南郊。作者19岁时任瞿溪第四高等小学教师,有诗赠琦君云:"我年十九客瞿溪,正是希真学语时。"距此时已20余年。
②客儿:谢灵运小名。
③一诺句:谓不能践约去鹭山之家。
④鹿门:在湖北襄阳。孟浩然隐居处。

上片言20年前离开春草池塘去瞿溪教书,现在又到瞿溪去避难,却在客儿(谢灵运)周边。同游雁荡的愿望,更是时刻在怀。下片说这次虽临时改变了行程,但造访府上(鹿门)的计划,是确定不疑的。到雁荡泷湫观赏瀑布,更是梦想神驰。单舸飞梦,赏月龙秋,何其壮哉!

## 临江仙

小病初起,出看野色,诵"贫过中年病遇春"句①,作此示诸生。

一九四三年作

剩欠杏花诗几首,无妨病过春分。尚余一半是浓春。江山仍动色,莺燕欲销魂。 到手筇枝随远近,西山何似东屯②?何须轻命倚危阑③。试从平地看,四远绿无垠。

**注释**

①贫过中年病遇春:此当引洪亮吉赠黄景仁句"贫过中年病却春",略师其意而加变通。

②东屯:东边的村舍。

③危阑:"阑"字出韵,或为浙东方言。

写春病初起。诗家清致,款款欲飞。"尚余"以下三句,随缘顺化,深见道心。"试从平地看,四远绿无垠",将"浓春"气象,表现得何等高妙。

## 玉楼春

### 有 赠

一九四四年作

　　山人七十瞳如画，手种青蔬田几罫①。不愁瓦钵但藏云②，却诩衡门堪过夏③。　　开襟信有风无价，劝我长筇日日把。何知人世有陶诗，南山只在窗牖下。

**注释**

①罫：棋局中方块。此指菜田。
②瓦钵但藏云：一无所有也，形容贫穷。
③诩：夸口。

　　此为赠山中老农之作，好一派潇洒风致。瞳如画出，手种青蔬。虽钵无余物，却凉风满室，大得自在。"何知"二句是说，虽不知有陶渊明，但悠然入望的南山，却在自家窗下。这简直是羲皇上人的境界啊！摆脱尘累，享此乐境，这就是词翁向往的生活。

## 平韵满江红

### 检旧札有忆①

一九四四年作

还了明珠②,悔一笑、翻教误君。当年事、何因避面,便肯回身。红泪江湖从宛转,素衣针线自温存。听车声、几度过晴雷③,迷暗尘。　　仙溪路④,重问津。锦儿帖,胜回文⑤。叹易生面骨⑥,难掩眉颦。梦里未忘分钿约⑦,鹃边犹有看花人。倘重过、凝碧旧池头⑧,应断魂。

**注释**

①有忆:此为追忆其少年情侣钱蘅青之作。
②还了句:张籍《节妇吟》:"还君明珠双泪垂,恨不相逢未嫁时。"
③过晴雷:车轮声。李商隐《无题》:"扇裁月魄羞难掩,车走雷声语未通。"
④仙溪路:用《幽明录》刘晨、阮肇入天台,得遇仙女事。
⑤锦儿帖二句:谓女友之书札,要比苏蕙的回文织锦图更加动人。
⑥生面骨:因相思瘦损,面骨突出。
⑦分钿句:白居易《长恨歌》:"钗留一股合一扇,钗擘黄金合分钿。"此指爱情盟誓。
⑧凝碧池:唐东京洛阳宫内池名。安禄山曾大会凝碧池,逼使梨园弟子奏乐。乐人怀念玄宗,为之垂泪。王维《凝碧池》诗:"万户伤心生野烟,百官何日更朝天。"

此为追忆邻娃钱蘅青之作。当年两小无猜,素衣针线,何等温存缱绻。而好事未谐,殆起于"还了明珠,悔一笑、翻教误君"的误会,终致鸳鸯分飞。"锦儿帖,胜回文",说明其人聪慧能文。"易生"二句,写自己的刻骨相思。可谓字字钻心的至情文字。同年夏翁另有《菩萨蛮·有忆》,亦为钱女而发。二者对参,益见"此恨绵绵无绝期"之悲感了。

## 鹊桥仙

碧湖夜泊,与季思联句①。

一九四四年作

市声不到,晓钟未动,渡水闲云几朵(瞿)。滩前滩后浪声高,正昨夜雷湾雨过②(思)。　　岚光照眼,水风散发,佳处容人并坐(思)。梦中横笛到银河,防犹有双星识我③(瞿)。

**注释**

①碧湖:在浙江处州。季思:王起之字。王为中山大学教授,作者同乡挚友。
②雷湾:在碧湖附近。
③双星:牛郎、织女星。

奇思壮彩,天作之合。两颗灵心的碰撞,乃有此奇。从"夜泊"看,是夜宿舟中。晓来一片静谧,只有朵朵闲云,飘荡湖上。这是瞿翁起句的诗境。季思则从回忆着笔,首先绘出浪急声高、雷湾过雨的昨宵光景。接着转入当下的岚光照眼、水风散发的融和景象。瞿翁最后以"梦中横笛到银河,防犹有双星识我"作结,逸兴遄飞,想落天外,清奇旷放,直追太白、坡仙。

## 好事近

### 同声越作梅词

一九四四年作

唤起忍寒人,当面数峰玉立①。商略几番风雨,作一枝春色。西湖东阁莫传笺②,心事北山北③。自有暗香一阕④,够十年吹笛。

**注释**

①数峰:指龙泉的山峰。
②西湖:作者居所。东阁:汉丞相公孙弘开东阁延宾。此句谓与官场不宜交往过密。
③北山北:后汉法真为关西大儒,太守欲官之。法真曰:"若欲吏之,真将在北山之北,南山之南矣。"(《逸民传》)
④暗香:指梅花。姜白石有《暗香》梅词。

忍寒而赏梅花,自是高人风致。不与官场往来,唯愿坐花下吹奏暗香之曲,益见雅人高蹈之可钦慕也。

## 鹧鸪天

龙泉山居

一九四四年作

斟酌新诗答晚晴,欲传幽兴却难名。浮沤池面无成坏①,缺月墙头几死生②。　茶梦熟,竹筜轻,风前自爱浩歌声。乡邻敦睦吾何有?但与归牛让畔行。

**注释**
①浮沤:水面浮泡成于水,破灭仍归于水。故云。
②缺月:月亮之圆缺,有如死生。

词写闲情逸致。一段幽兴,难以名状。光景在不知不觉中变换。浩歌风前,何其从容自得。乐乡亲之情话,为归牛让道,一派和乐融融之生活图景跃然纸上。

## 玉楼春

### 龙泉山楼看雨

一九四四年作

屋山老鸹啼相和①,一雨作凉天补过。直疑黑海挂空来,正欲青林看月堕。　　短筇墙脚难坚卧②,欲化腾蛟冲壁破。新灯劝我放高吟,明日江船天上坐。

**注释**
①老鸹:乌鸦。
②短筇:短杖。坚卧:长卧不动。

词写夏日之暴雨。酷暑得雨,老鸹亦放歌高啼。"直疑"二句之"黑海""青林"皆为倒装。黑海,形容如海的黑云,骤降暴雨,时间正当月将西沉之际。二句奇矫尽态。"短筇"句言雷雨大作,连短杖也欲化作蛟龙破壁飞去。构想尤为奇悍,短令中亦有无穷之势。

## 玉楼春

将去龙泉，作计入雁荡。

一九四四年作

一凉昨梦苏肝肺①，万壑秋涛翻瓦背②。漫惊窥梦有龙蛇③，便欲移家同井垲④。　　壮心吟鬓年年改，不用临风歌小海⑤。但防人笑半山翁⑥，犹是世间儿女态。

**注释**

①苏：醒，舒服。
②秋涛：指龙泉校舍周围的松涛。
③龙蛇：指松树苍劲的枝干。
④井：洼地。垲：高爽之地。此谓随地形高低不断移家。
⑤小海：歌名。伍子胥被冤杀投尸于海，国人为作《小海唱》以哀之。
⑥半山翁：王安石号半山。有诗："更作世间儿女态，乱栽花竹养风烟。"

词笔老健，用仄韵更显突出。龙泉为浙江大学分校所在，供应困难，难以维持，作者遂至雁荡师范任教。上片意谓并非龙蛇惊梦，便欲移家。下片言壮心已不如前，小海之情也淡漠了。结尾二句是说，此次移家，迫于生计，不要误解为儿女闲情的漫游。

## 临江仙

### 灵岩重九示成圆上人①

一九四四年作

天柱峰头看雁字②,平生无此重阳。吹衣吹帽任风长③。有诗酬远肇④,无酒属山王⑤。　　自写楞严医小病,灯前山瀑浪浪⑥。听秋畅好借僧床。到家馀半偈⑦,飞梦已千江。

**注释**

①成圆上人:灵岩寺住持大和尚。
②天柱峰:在灵岩寺旁。雁字:雁行。
③吹帽:晋人孟嘉重九龙山登高,落帽而不觉。
④远:南齐高僧名。肇:晋代高僧名。
⑤山王:山涛、王戎,皆西晋名士。
⑥楞严:佛经名。山瀑:指小龙湫瀑布。
⑦半偈:半首偈语。佛家的唱词曰偈。

将名士与高僧的一段因缘,写得如此高旷出尘,令人赞叹。"到家馀半偈,飞梦已千江",可谓禅性通神了。

## 水调歌头

九月十七日灵岩寺楼夜起看月，万峰雪玉相映，光景奇绝，作此寄鹫山。

一九四四年作

谁种万莲朵①。镵破一青天②。天边看涌凉叶，云片各田田③。我挈横江鹤梦④，来觅藏身藕孔⑤，尘劫此何年。欠子一枝笛，离思满风烟。　　千嶂顶，倘招手，有飞仙。笑予不肯轻举，未了几吟篇。唤起五峰浪语⑥，重对双鸾天柱⑦，掷笔复茫然。一笑愧禅老⑧，闭户已酣眠。

注释

①万莲朵：形容万山如莲花般高矗。
②镵破：凿破。
③天边两句：指云片连绵。
④横江鹤梦：东坡《后赤壁赋》："适有孤鹤，横江东来……飞鸣而过我者，非子也邪？"
⑤藕孔：《法苑珠林》载阿修罗王与帝释战斗，大败，藏身藕孔。
⑥五峰：元代温州名宦李孝光号。
⑦双鸾：峰名，在灵岩寺旁。
⑧禅老：指成圆方丈。

此词传诵已久，真把灵岩夜景写到了出神入化的妙境。在月光朗照下，山峰似莲花万朵，白云似荷叶田田。自己像东坡道人，带着鹤梦到藕孔藏身。百转千回，不离莲花藕孔，见出构思之妙。过片词意一转，千峰顶上有天仙相约。而竟不往者，乃在吟缘未了。于是唤起古代的李五峰，再为灵山赋句。赋罢而茫然者，乃钦羡禅老不为尘累，已闭户酣眠了。如此结尾真奇气盈胸，无任高旷。

## 临江仙

灵岩病起招鹭山

一九四四年作

自拂僧床支美睡,偶然梦亦灵奇。无名秋病莫惊疑。倦犹携铁笛,瘦恰称筇枝①。　　四海子由三日别②,每逢佳处相思。相逢不必有前期③。心头诗几首,荡顶月圆时④。

**注释**

①瘦恰句:言病后体瘦,恰似筇杖之修长。
②子由:苏轼之弟苏辙字。此以之比鹭山情同兄弟。
③前期:预约。
④荡顶:雁荡之顶。

清极而奇之佳作。上片自述近况,虽病毋惊。"自拂僧床支美睡"七字,何其精彩灵奇乃尔。下片招游。"心头诗几首,荡顶月圆时",以对语作结,一片华严妙境,堪称绝唱。

## 踏莎行

题《雁荡山图志》

一九四四年作

入画家山,撄人世网①。白溪无日无乌榜②。梦中伸脚万山青,何人吹笛同长往。　　望岳长谣③,过江高唱。不如乞我还山杖④。人间无处觅秋光,龙湫白月千峰上。

注释
①撄人:折磨人。
②白溪:雁荡山麓的镇名。乌榜:小船。
③长谣:长歌。
④乞我:赐我。

《雁荡山图志》是一部有画有文字的文献。作者看着它,浮想联翩,更觉得尘世之烦人。"梦中"二句,是对灵境的向往。与其徒发登五岳与过长江的豪言壮语,还不如归返家山,徜徉在龙湫白月的千峰顶上,领略美妙之秋光。立意之高,构思之妙,令人倾倒。

## 鹧鸪天

传湘中寇退，敬五翁治庖相祝①。

一九四四年作

楼外残山唤不醒②，灯前解酒有松声。奇兵也似诗无敌，快事能教醉有名。　鸡未动③，梦先惊。明年洗眼看河清④。三山挂旆从无分⑤，飞檄看君下百城⑥。

**注释**

① 敬五：姓王，温州学者。
② 残山：残破山河，形容国土尚沦陷敌手。
③ 鸡未动：祖逖与刘琨同寝，中夜闻荒鸡鸣，蹴刘琨觉，曰："此非恶声也。"因起舞。（见《晋书》）
④ 河清：河清海晏，指天下太平。
⑤ 挂旆：悬挂旗帜。从：纵使。
⑥ 飞檄句：友人王季思时有从戎之兴。飞檄：快递的军书。君：指季思。

写捷报传来的激奋之情，可与老杜《闻官军收河南河北》并读。下片"三山""飞檄"愈唱愈高，皆想落天外之奇句。

## 鹧鸪天

### 报张云雷先生问山居近况①

一九四四年作

抛却西湖有雁山,携家况复住灵岩。不愁尽折平生福,并欲先支来世闲②。　无一字,落人间。野僧诗债亦慵还。但防初写禅经了,便有龙神夜叩关③。

**注释**
①报:答复。张云雷:浙江乐清人。
②先支:预付。
③龙神:雁荡有龙湫瀑布,故云。

"不愁尽折平生福,并欲先支来世闲",以层进句式表述爱山心绪,可谓妙语天成,写足了清闲佳致。"野僧诗债亦慵还","野"字下得好,散淡情态,跃然纸上。连龙神造访,也要防范。更是截断万缘,一尘不起了。

## 菩萨蛮

### 有　寄①

一九四四年作

酒边记得相逢地,人间更没重逢事。辛苦说相思,年年笛一枝。吟成江月碧,吹作秋潮咽②。无泪为君垂,潮平月落时。

**注释**
①有寄:此亦为邻娃钱女所发,作于是年秋月。
②吹作句:言吹笛之声,如哽咽的秋潮。

　　对钱女的怀念,是词翁一生的情结。四年后词翁又有《浣溪沙·有忆》,言及此情云:"一暝安知非暂住,千生不分有当年。"犹言:纵活一千次也不会再有当年的幸福了。情重如此,又如何忘得?"辛苦说相思,年年笛一枝"就很自然了。下片以江月之澄碧,秋潮之悲咽,刻画思恋之苦。"无泪"可垂,说明苦恨之深度。词情悃愊恳挚,可谓哀感顽艳了。或谓词为失节友人而发者。余则以为美人香草本无确诂。谭献有云:"作者之用心未必然,而读者之用心何必不然。"两存之可也。

## 浣溪沙

灵峰晓行①

一九四五年作

过雨春溪万佩鸣②,草虫能学鼓琴声。溪头侧耳有牛听。　　隔水数峰犹在定③,过桥孤杖莫相惊。滩风到面小诗成。

**注释**
①灵峰:雁荡名胜之一,在灵岩寺侧。
②万佩鸣:玉佩叮当,形容水声悦耳。
③在定:佛家修持有入定之说。谓僧人默坐,片念不起。

此作发天心,揭地窍,极写自然之美。溪声如玉佩,草虫作琴鸣,一派天籁。侧耳牛听,无理而妙。远处群山入定,滩风拂面,却送来了一首小诗,禅机汩汩,灵境悠悠之高唱。

## 清平乐

乙酉四月望,宿龙壑轩,夜半沐大龙湫下看月①。

一九四五年作

雷崩雪斗,欲语先摇手。消得病秋肝膈否②?分掬清泠数口。一峰冷月冥冥③,寻诗梦路程程。不信龙眠能稳,四更犹有箫声④。

**注释**

①龙壑轩:景点名,在大龙湫旁。
②肝膈:肝与横膈膜,犹言肝胆。
③一峰:指一帆峰,在大龙湫畔。
④不信龙眠能稳:谓作者在瀑下吟诗,蛟龙不能稳睡。箫声:指吟声。

"雷崩雪斗"四字言瀑布声势之大。"先摇手"言不可以语言加以惊扰,敬畏之态,栩栩见出。词境为之一变。"消得"二句,再转,突出瀑布清冷,冷透肝膈。以上皆写实境。下片以虚笔出之。境界再变,"不信龙眠能稳,四更犹有箫声",以反剔的语气,突出吟诗力量,笔势奇矫,想落天外。

## 清平乐

深夜行灵峰、净名寺道中，望铁城嶂①。

一九四五年作

乱峰千笏，醉墨谁挥泼②？拂下一身皆绿雪③，来踏松根旧月。溪头无数云归，筇边犹未成诗。不信铁围压枕④，有人秋梦能飞。

**注释**
①灵峰、净名寺、铁城嶂，皆雁荡名胜。
②醉墨：此指山水如画。
③绿雪：谓树荫洒下的月光。
④铁围：铁城嶂，在净名寺后。佛经有"大铁围山"。

词写雁荡秋夜景色，真能妙夺造化。拂下绿雪，来踏松根月色，新奇高古，发人所未发。"铁围压枕"二句，意谓即使有铁围山大法王神力的弹压，也不能限制词人的"秋梦能飞"之灵感喷涌。此真坐驰以役万景之妙句也。

## 浣溪沙

九月九日温州观祝捷①

一九四五年作

犹有秋潮气未平,八方听角学春声②,深杯莫问醉何名。　夜夜天心忘却月③,家家人面好于灯④。八年前事似前生。

**注释**
①祝捷:庆祝日本投降、抗战胜利。
②听角:角,指军号。
③天心忘却月:谓因祝节忘了中秋赏月。
④好于灯:谓人人笑脸比花灯更为美丽。

以浅白之语写欢快之情,在夏公为别调,"八年前事似前生"一句挽断,笔重千钧矣。

## 鹧鸪天

初到湖楼寄鹭山①

一九四五年作

昵枕新吟滞醉成②,淡愁幽恨两难名③。倦游不奈花枝好,小别初惊白发生。 伸脚处,乱峰青④。水窗莫恼晓莺声。可知染柳薰桃地⑤,不碍先生梦二灵⑥。

**注释**

①湖楼:指西湖罗苑浙江大学宿舍。
②昵枕:亲枕。滞醉:疑为"殢醉"之讹。殢:醉酒。
③难名:难以名说。
④乱峰青:此指西湖四周的山峰。
⑤染柳薰桃:桃柳芬芳之意。
⑥二灵:灵峰、灵岩。

此词作于杭州。虽然回到染柳薰桃的芬芳世界,却无法忘记绿雪松根与二灵幽境。对灵奇山水的向往,是词人天性的自然流露。

## 浣溪沙

### 乱后超山看梅①

一九四七年作

阅劫溪山耐寂寥,重来吟鬓已飘萧,水村云壑不辞遥。　注籍黄金千本韭②,吹愁绿玉一枝箫。为谁寻梦梦迢迢。

**注释**

①超山:在杭州郊区,以植梅出名。

②注籍:登记在账簿上。黄金千本韭:只有金黄色的韭菜。此句谓教职人员生活清苦。

超山看梅,却了无逸兴,只有飘萧的吟鬓与烦人的箫声。何以如此?它从侧面反映出旧政权的腐败无能与民生凋敝的现实状况。

## 菩萨蛮

### 有怀怀枫①

一九四七年作

词人例作秋风客②，征衫吟鬓无消息。雁语一天霜，湖窗初月黄。　　灵岩投老地③，灰劫今何世。迟汝一枝筇④，荡云海日中⑤。

**注释**

①怀枫：扬州女词人丁宁之别号。
②秋风客：李贺《金铜仙人辞汉歌》："茂陵刘郎秋风客。"茂陵，汉武帝陵墓。武帝有《秋风辞》，故云。此言诗人像秋风一样漂泊无定。
③投老：归隐。
④迟：等待。
⑤荡云句：怀枫与作者信中有"荡云海日间，为先生背诗囊"语。

此为招怀枫同游雁荡之作。"雁语一天霜，湖窗初月黄"，写西湖秋景。"迟汝一枝筇，荡云海日中"，想象雁荡同游之快，既亲切而又雄放。词人襟抱，竟能如此高奇！

## 浣溪沙

一九四七年作

谁打疏钟送夕阳①,水如琴筑满虚堂②,晚蝉更比水声长。
垂柳写风兼写月,闲鸥知雨不知凉,萧萧秋意在湖窗。

**注释**

①疏钟:悠缓的钟声。
②筑:乐器。《广韵》云:"似筝而十三弦。"

词写湖窗小景,将一段闲适心绪,写得如此清虚灵妙。"水如琴筑满虚堂",把乐声转化为水声,是通感的妙用。"垂柳写风兼写月","写"字颖妙无比,犹言风月得柳而大增美感与诗情。"闲鸥知雨不知凉"与东坡之"春江水暖鸭先知"皆无理而妙之佳例。

## 太常引

寄白门旧友①

一九四八年作

年年醉梦负花风,听歌最恼公②。何物似情浓,看别酒不如泪红。　　风前愁鬓,尊前醒眼,往事转头空。万一有重逢,愿长在梦中醉中。

**注释**

①白门旧友:指一度失足投附汪伪政权的词友。
②花风:指二十四番花信风。恼公:犹恼人之意。李贺有《恼公》诗。

龙榆生先生是夏公挚友。从1929年李雁晴转来龙函,开始订交,并通过龙得交朱彊村先生,以及创办《词学季刊》,交谊深挚。后龙为汪所笼络去南京任职,有伤名节。夏公深为痛惜,曾多方努力为其减责。中华人民共和国成立后,龙终于得到政府的谅解,在上海音乐学院任教。此词曲折地表达了夏公对龙的惋惜与伤感。"万一有重逢,愿长在梦中醉中",几多无奈与悃挚,读来令人酸鼻。

## 蝶恋花

戊子秋，得姚鹓雏、丁怀枫、吴广洋、陈从周上海书①。

一九四八年作

罢了登高还有赋②。乍过重阳，爱此疏疏雨。一寸斜阳今又古，黄花颜色长如故。　　自插花枝还独舞。戏马台前，只有山无数。破帽年年吹不去③，几人相忆江关路。

**注释**

①姚鹓雏、丁怀枫：为作者词友。吴广洋、陈从周：作者学生。

②罢了登高：李煜弟从善守边不还。煜念弟，"每登高北望，泣下沾襟"，尝制《却登高文》。

③破帽句：孟嘉随桓温于龙山登高。风吹帽落，浑然不觉。温令人作文嘲之。

以词代柬，答复友生的问候。起句反李煜意而用之，对上海来书表示欣喜。"一寸斜阳今又古""破帽年年吹不去"，诸语句皆意深语奇，开径自行之笔。

# 水调歌头

## 与晓沧翁行月孤山①

约一九四八年作

　　谁画大莲叶，脚底一湖天②。箫声来自天外，风露此何年？唤起越娥照影③，了了华鬘妆镜④，隔水几婵娟。酌我以明月，与子过梅边⑤。　　最高顶，携缟袂⑥，叩逋仙⑦。暗香疏影何世，下界海成田。问讯安丘老子⑧，谁会履霜心事⑨，夜夜折冰弦⑩。无处跨黄鹤，归路满风烟。

**注释**

①晓沧：郑宗海之字。郑为浙江大学校长，著名教育家。行月：踏月。
②一湖天：指西湖。
③越娥：会稽美女，如西施等。
④华鬘：天竺人装束。
⑤与子句："子"，指晓沧。
⑥缟袂：白色的衣袖。
⑦逋仙：林和靖的别号。
⑧安丘老子：指郑玄，家安丘，故称。
⑨履霜：《易》："履霜坚冰至。"喻防患于未然。
⑩折冰弦：折断冰弦。弦有以绿冰蚕丝为之，故名。

　　西湖灵山秀水，文采风流，天下绝景。如何加以表现，是很费匠心的。此词的特点，是以意识流的手法，恣意挥洒，为我们营构出迷离惝恍的灵境。以大莲叶起笔，当是源自柳永"三秋桂子，十里荷花"的笔意而写秋景之美。辅之以天外的箫声、越娥的倩影以及华鬘妆镜般美丽的西湖。还有在水一方的仙女。她们凌波微步，醉我明月，送我到在古梅之下林和靖的院中。暗香疏影，已不知何处。今日的孤山早已变海为田了。何处问候郑玄夫子？谁还为灾难操心？到处都是纸醉金迷的狂欢作乐。我无法骑鹤离去，眼前忽然风烟滚滚。如此错杂缤纷的意象，着重表现自然美景与时局动荡的纠结。1948年的江南，国民党政权败局已定。此词结尾用纵横交错的笔墨批判了当时的政局。用意殊深，不可粗粗读过。

## 浣溪沙

### 压堤桥看芙蓉①

一九四八年作

门外苏堤接白堤,窥门好鸟四时啼。吟人笔下有花枝。　　霜雪不惊容阅世②,声华渐淡可言诗。西风酒面立移时③。

**注释**

①压堤桥:在杭州西湖。芙蓉:即木芙蓉,亦名拒霜。
②霜雪不惊:指木芙蓉不惧霜雪,开于晚秋。阅世:静观世变。
③酒面:指芙蓉花如人醉酒。

上片清疏小景,一派诗人风致。下片"霜雪""声华"二句对起,刻画哲人怀抱,深具道心。"西风酒面立移时",两面关锁,花人合写,最为蕴藉。

# 南乡子

为鹭山求湛翁题来禅楼额①

一九四八年作

风价一匡床②,日日青天数鹭行③。消得先生闲点笔,秋光,圆绿当门湖一双④。　　梦路比愁长,扑帽征尘负举觞。占个湖楼吾已倦,津梁⑤,坐替雷峰管夕阳。

**注释**

①湛翁:马一浮号,马为当代哲学家、书法家。来禅楼:吴鹭山家楼名。夏翁字瞿禅,故名。
②风价:声望。匡床:方床。言马翁虽身卧匡床,而名满天下。
③鹭行:鹭山家后湖塘多白鹭。
④湖一双:杭州西湖分里湖、外湖。
⑤津梁:原意为桥梁。此为接引之意。庾亮见卧佛,曰:"此子疲于津梁。"(《世说新语》)

上片赞美马一浮声望之高,住处之美。下片自况:前二句述对鹭山之思念,后二句言雷峰夕照之古塔虽已坍毁,就让自己来管理夕阳吧。立意高远,不嫌自负。

## 浣溪沙

### 有 忆

一九四八年作

不解销魂但惘然①,人间初恋似初禅,阑干波影有情天。 一瞑安知非暂往②,千生不分有当年③,数星无恙水窗前。

**注释**

①惘然:惆怅、迷茫。"此情可待成追忆,只是当时已惘然。"(李商隐《锦瑟》)
②瞑:闭眼,犹死去。暂往:小别之意。
③不分:不料想。

此为怀念少时恋情之作。在温州师范学校求学阶段,曾与邻娃钱蘅青互有倾慕之意。30年后,凭栏湖畔,波光云影间偶有所忆,乃成此阕。"一瞑""千生"极言爱重此缘,有千生难挽之痛惜。翁亦天生情种,此作与放翁沈园之诗相似。曾有句云:"辛苦说相思,年年笛一枝。"正可与之对参。

## 洞仙歌

四更从孤山独行至断桥

一九四八年作

　　胎禽重到①,俯双堤画里,绛阙琼台讶无此②。料星娥、昨夜临影银潢③,明镜面,一道珠玑照水④。　　半闲堂上客,只解听蛩⑤,奈有笳声枕边起⑥。容我一枝筇,领梦峰头,凉波外、朱霞迢递⑦。记听熟、谁家里湖箫,问诗句成时,藕花醒未?

**注释**
①胎禽:鹤之别名。
②绛阙琼台:指仙境。
③星娥:仙女。临影:照影。
④珠玑:此指白堤的夜灯投影。
⑤半闲堂句:贾似道住里西湖葛庄半闲堂,常与门客斗蟋蟀为乐。
⑥笳声:军声,战声。
⑦朱霞:红云。

　　此词上片写西湖夜景,"临影银潢,明镜面,一道珠玑照水",将星光斑斓之美态写到极处。下片则批判贾似道辈游宴享乐,导致南宋沦亡,隐指国民党的腐败。朱霞,此指新中国似一轮红旭喷薄欲出。淮海战役以后国民党败局已定,此词反映了作者对新社会的向往与期待。

## 鹧鸪天

己丑人日立春，答王伯尹寄诗①

一九四九年作

对镜难为胜里人②，临觞犹是客中身。番番阅劫逢人日，惘惘寻芳非我春。　　迷望眼，莽惊尘。兴来尚有笔如神。十洲梦觉雷声动③，花事今年看崭新。

**注释**

①王伯尹：画家、诗人，与马一浮交好，家在里西湖。
②胜里人：此指王伯尹，王居胜里。
③十洲：《海内十洲记》旧传为东方朔撰，载汉武帝听西王母谈海上十洲之事。雷声：指解放军南下的军声。

上片言当时的杭州仍在劫中，了无寻春之绪。下片"十洲"二句言，新中国将以崭新面貌出现。故有崭新花事之喻。

# 减字木兰花

题《樵歌》①

一九四九年作

须臾不忍,马首黄尘来滚滚②。万事炎凉,只隔青编字数行③。鸳湖归客④,重看荷衣人不识⑤。杯酒南园,异代龟堂共断魂⑥。

**注释**

① 《樵歌》:南宋词家朱敦儒集名。
② 须臾不忍:谓朱敦儒以迟暮之年,应秦桧之召,不敢不赴,入朝为官。到官数日,桧死,遂为白璧之玷。黄尘来滚滚:形容路尘之多,指其见摈清议。
③ 青编:谓书籍。与"炎凉"相连,指受到非议。
④ 鸳湖:朱敦儒住嘉兴鸳鸯湖。
⑤ 荷衣:指隐者衣服。
⑥ 龟堂:陆游别号。此句谓陆游曾为韩侂胄作《南国记》,亦为清议所讥。

朱敦儒与陆游,皆南宋力主恢复中原的爱国词人。只因受秦桧与韩侂胄牵累,有损清誉。此词有感而作,措辞委婉,持论忠恕不苛。

## 定风波

和鹓雏①

一九五〇年作

饥凤无声病鹤喑②,东风无力豁沉阴。春讯冰柯霜筱外③,谁会?一枝绿萼见天心④。 招手故山携锸伴⑤,来看。满前翠巘与丹岑。垂老种花无分戴,何碍?明年红紫任人簪。

**注释**

① 鹓雏:即姚锡钧,号鹓雏。近代文学家,京师大学堂毕业,与林庚白齐名。其小说、诗文无体不工,以擅长言情小说,被讥为鸳鸯蝴蝶派。1949年后曾失业在家,后受聘于上海文史馆,1954年病故。
② 饥凤、病鹤:谓贤者失位。喑,哑。
③ 霜筱:霜竹。
④ 绿萼:梅花。
⑤ 锸:锹。

此为慰勉之作。言鹓雏虽如饥凤病鹤,一时失位,相信天机衮衮的梅花消息定会到来。纵然暂时无分戴花,日后定会满头插遍。取譬高华,用典委婉,寓意深刻。

## 定风波

湖上重晤鹓雏,题其《苍雪词》

一九五〇年作

归梦春山笋蕨肥,华亭一鹤尚孤飞①。攀槛排闼都草草②,堪笑。湖船来琢泛春词。　　温李堪供驱使否③?摇首。平生坡谷有深期④。绿鬘红箫无我分⑤,何恨?一枝霜竹伴君吹⑥。

**注释**

①一鹤:指鹓雏。
②攀槛排闼:汉朱云冒死上书,攀折殿槛。此言姚曾任监察委员,敢于直言。
③温李:温庭筠、李商隐,二人诗风清婉。
④坡谷:苏东坡、黄山谷。深期:深佩。
⑤绿鬘:乌黑有光泽的鬘发。红箫:姜白石有"小红低唱我吹箫"句。
⑥霜竹:霜笛。

姚鹓雏有《苍雪词》,驰名一时。其《望江南·分咏当代词家十二首》之十一为夏瞿禅。中云:"宗白石,乐苑耿传灯。清苦江山留且住,野云孤鹤是平生,无迹任飞行。"又有《减兰·再赠夏公》云:"相从几杖,海日江云瞻气象。独殿词场,楚泽东篱并一芳。　　平生低首,欣赏不醉倾斗酒。神理绵绵,索解何须待郑笺。"附注云:"旧以先生词为艰涩,今读之,殊不尔。惟其气格凝重,笔力苍坚,为不可及耳。世徒以梦窗质实目之,非真知先生者也。"二公彼此倾慕,如伯牙之赏子期。夏公以"一枝霜竹伴君吹"评姚词,可谓真赏无讹。

## 卜算子

### 自题当花图①

一九五〇年作

论亩种芝兰②,玉树森成把。放眼郊原浩荡春,何必庭阶下。美好出艰难,风日无闲暇。谁是当年手种人,招手花前者③。

**注释**
①当花图:对花图。
②芝兰:香草。此与"玉树"连用,喻子侄才质佳美。见《世说新语》。
③花前者:赏花之人,此为自指。

《离骚》云:"余既滋兰之九畹兮,又树蕙之百亩。"指培育人才,以为国用。夏词亦犹此意。"放眼郊原浩荡春",气象何其发皇!"谁是"二句,一问一答,乐育英才之襟抱,呼之欲出。

## 西江月

和湛翁①

一九五〇年左右作

暂与湖光作主,独来玉界凭风②。谁喷横笛月明中③,夜夜诗心飞动。　饮水能翻大白④,惊霜尚有千红⑤。高楼同听五更钟,下有龟鱼残梦⑥。

注释

①湛翁:马一浮号。马词原作:"吹皱一池春水,东风又换西风。村歌社鼓月明中,到处鱼惊荷动。　堤柳分来暗绿,湖波流尽残红。六时花外远闻钟,过眼轻尘如梦。"
②玉界:指明洁的秋波,如玉鉴晶然。
③喷:吹。
④大白:酒杯。
⑤惊霜句:谓虽有秋霜,红花仍盛。
⑥龟鱼:泛指水族。龟为水族之灵物。

词家唱和,名士高风。饮大白,赏千红,夜夜诗心飞动!见出中华人民共和国成立初期知识分子之心态,何其欢欣鼓舞。

## 浣溪沙

一九五〇年作

帘底双笙月一丸,闻声对影底温存①。千生残日在阑干②。挑菜光阴无白堕③,闹花池馆欲黄昏④。与春有分是销魂。

**注释**

①双笙:二人相对吹笙。周邦彦《少年游》:"相对坐吹笙。"底:为何。

②千生:千世。犹言千世修来的缘分。

③挑菜光阴:指暖春时节。徐积诗:"雪消墙外逢挑菜,日暖门前见捕鱼。"白堕:酒名。

④闹花:春花怒放时节。宋祁《玉楼春》:"绿杨烟外晓寒轻,红杏枝头春意闹。"

旖旎温馨的记情之作。上片回忆当日相对吹笙情景,吹笙对影,温存乃尔,何况又在黄昏时候。下片转写当下光景:面对无酒的春光、黄昏的池馆,便只剩有恼人的惆怅了。写怀人情绪,用笔欲落不落,可谓恰到好处。

## 满江红

皖北土改,夜行垓下阴陵大泽,息农舍作①。

一九五一年作

谁泼围棋②,幂夜野③、纵横星斗。想当日、大风歌里④,沙飞石走。逐鹿势成开楚汉⑤,拔山力尽分身首⑥。几村童、呼啸放牛还,翁招手。　　童延客,忙箕帚。翁肃客⑦,罗浆酒。话翻身村史,灯光抖擞。九地蛟鼍移穴去⑧,千年奴隶当家后。送照天映海万红旗,风如吼。

**注释**

①垓下:在安徽灵璧县东南,刘邦围困项羽之地。阴陵:在垓下附近,项羽突围处。
②泼围棋:形容天上的星斗,如棋子泼出,罗布夜空。
③幂(mì):覆盖。
④大风歌:汉高祖刘邦作。
⑤逐鹿:"秦失其鹿,天下共逐之。"(《汉书》)此言刘、项争夺天下。
⑥拔山:项羽困垓下,作歌云:"力拔山兮气盖世,时不利兮骓不逝。"
⑦肃客:迎客。
⑧九地:九重地下。蛟鼍:指恶势力。

词写参加土改的感受。上片写夜经垓下的景色与联想。夜幕上星斗纵横,一场斗争曾在此展开。用笔老辣,惊心动魄。下片写翻身农民的喜悦。"九地蛟鼍移穴去,千年奴隶当家后",恶与美对比写出,大开大合之笔,令人振奋。最后以照天映海的红旗作结,突显出时代的大变革与大欢乐。

## 满江红

### 皖北五河县治淮

一九五一年作

何处歌声,红旗下、秋涛怒吼①。看工农、共挥热汗,同开笑口。画地能教豹虎伏②,滔天敢纵蛟龙斗③。是独夫、旧曲莫重讴④,隋堤柳。　　漴潼合,沱浍鬪⑤。波一石,泥三斗⑥。有炊香万灶,登秋千亩。他日赓歌传酒客⑦,今朝鞭石驱山手。问诗翁、击壤颂丰年⑧,重来否?

**注释**

①秋涛:形容歌声如钱塘江之秋天壮潮。

②画地句:画地为牢,能伏猛兽。

③滔天:洪水。

④独夫、旧曲:指隋炀帝开河时传唱的歌曲。

⑤漴、潼、沱、浍:五河县的四条水名。鬪:字今简化为"斗",遇合之义。(此为区别,暂不用简字)

⑥波一石,泥三斗:《汉书·沟洫志》:"泾水一石,其泥数斗。且溉且粪,长我禾黍。"意谓水肥土美,可获丰收。

⑦赓歌:连续唱歌。

⑧击壤:尧时老人所唱的太平歌曲。见《帝王世纪》。

淮河洪涝频仍,为害甚烈。1950年中央成立了治淮机构,大举治淮。此词所反映的就是这一工程的浩荡场面。怒涛般的劳动号子,斗天斗地的无穷干劲,都一一纳入词人笔下,为旧体诗词表现沸腾生活开了一个好头。下片展望未来:炊香万灶,登秋千亩;赓歌传酒,鞭石驱山,是何等壮伟欢欣。不愧为"旧瓶装新酒"的典范佳作。

## 满江红

### 访五河县治淮工农

一九五一年作

淮泗名都①,惊打面、风沙漠漠。问赤手②、何人敢犯,蛟龙牙角。百战徒夸天设险,千年共怨邻为壑③。幸同君、洗眼见河清,今非昨。　　昨相吊④,绕枝鹊⑤。今不羡,乘风鹤⑥。有川原还我,秋收春作。已挈鲸涛归瀣渤⑦,更开雁碛营京洛⑧。是走千走万此家山⑨,归田乐。

**注释**

①淮泗:淮河泗县为安徽属地。
②赤手:空手。
③邻为壑:《孟子》:"今吾子以邻国为壑。"把邻居当作大水坑,嫁祸于人之意。
④相吊:安慰之意。
⑤绕枝鹊:曹操诗:"月明星稀,乌鹊南飞。绕树三匝,何枝可依?"指灾民流离失所,无处可居。
⑥乘风鹤:乘鹤高飞,得意之举。谚有"腰缠十万贯,骑鹤下扬州"之语。
⑦鲸涛:海涛。瀣渤:海之别支曰渤瀣。
⑧雁碛:雁宿之沙漠地带。京洛,长安洛阳,繁华都会。
⑨走千走万:淮上民谣:"走千走万,不如淮河两岸。"

"黄河清,出圣人",这是千百年来的夙愿。"洗眼见河清",终于亲眼见到了河清海晏的太平景象。"是走千走万此家山,归田乐",巧引民谣,以表现农家的新貌,顺手拈来,皆成妙谛。

# 燕归帘

## 湖楼画荷遣暑①

一九五一年作

豪兴千笺复万笺,泼墨短檠前②。为谁十丈扫风烟,下应有,藕如船。　烟波窗槛,琉璃砚匣③,清事了三年④。昨宵骑鹤看湖烟,一圆绿⑤,似荷钱。

**注释**

①湖楼:指西湖罗苑寓所。遣暑:指画荷以消暑日。

②短檠:矮灯。檠,灯架。

③琉璃:指明澈的湖波。

④三年:似指移家罗苑已过三年。

⑤圆绿:指西湖。

夏公闲时偶泼墨作扇面,索者时有之。居京时,耿鉴庭先生嘱余代求。用墨偏重,笑曰:"手生,不佳,似张飞妹妹。"此亦似写扇面之作。灯下泼墨,却豪气如虹。扫出十丈风烟,下有如船大藕,奇想入神如此。结拍"昨宵骑鹤看湖烟"三句,万顷西湖,小得似一枚小小的荷钱。纳须弥于芥子,令人有神观飞越之快。

## 水调歌头

中秋夕,风雨中渡长江,过徐州乃见月。

一九五三年作

对酒不须劝,听我浩歌声。百年能几今夕,一笑大江横。天上本无风雨,扫却人间云雾,万象自空明。散发照江水,此兴冠平生。　二三子①,歌慷慨,兴飞腾。当年击楫豪气②,醉里共谈兵。指点白鸥起处,想象红旗无数,万舸夜南征③。回首卅年事④,烽火满彭城。

**注释**

①二三子:此指同行之友生。
②击楫句:《晋书·祖逖传》:"中流击楫而誓曰:'祖逖不能清中原而复济者,有如大江。'"
③万舸句:此指1949年解放军渡江战役。
④卅年事:1923年赴西安任中学教职,曾路过徐州(彭城),距此时已30年。

1953年中秋,作者离杭赴京参加全国高等师范教育会议。风雪中轮渡至长江北岸,感而赋此。是年教育改革,浙大中文系划归新成立的浙江师范学院。此次北上乃规划全国师范教育,重任在肩。面对如此壮丽江山,老诗人更是激起满怀豪情。指点江山,吟兴勃发,乃有"一笑大江横""此兴冠平生"之快句。过片以后,拈出祖逖辈击楫中游的豪言壮语,联想到百万雄师过大江的英雄伟业,更是兴不可遏。最后对比今昔,更突出新时代的万丈豪情。诗词是个人化的艺术,须有切身感受,才能打动读者。

## 鹧鸪天

### 往绍兴筹备鲁迅纪念馆

一九五四年作

卵色天光鸭绿溪①,画成团扇欲贻谁②?风帆侧影疑蝴蝶,钓叟浮家伴鹭鸶。　　同俯首,礼横眉③。垂天大翼破空飞④。笫边谁会苍茫意,禹迹桥头浩唱归⑤。

**注释**

①卵色天光:谓天青似卵色。"相逢卵色五湖天。"(苏轼诗句)

②团扇:陆游诗:"吴中近事君知否?团扇家家画放翁。"

③同俯首二句:鲁迅诗:"横眉冷对千夫指,俯首甘为孺子牛。"

④垂天大翼:庄子《逍遥游》:"其翼若垂天之云。"

⑤禹迹:绍兴有禹迹寺。

歌颂伟人,不须句句叮紧。如从其周边环境入手,更能顾盼生姿,增加意趣之美。此词先从青色天光、绿色溪水切入。风帆如蝴蝶,渔船上鹭鸶翩飞,便将读者导入一种诗情画意的天地。下片"俯首""横眉"皆鲁迅原句,继之以"垂天大翼破空飞"挺接,则迅翁之人格、精神毕现无余了。再以笫边会意,浩唱归来,写出自己的钦仰之情,既庄严又灵动,为我们开示了别样的法门。

## 好事近

### 天安门国庆节观礼

一九五六年作

拥上旭轮高,云阵万旗同色。动地飙车过处,起鸽翎似雪。
花枝如海沸歌来,花底笑涡活。看取国家朝气,在学童双颊[①]。

**注释**
①学童双颊:指游行队伍中的红领巾少年。

短调而写大典。命题造句,都有深意。"云阵万旗同色",谓如云的队伍中成千上万面旗帜都与旭轮同样红艳。句炼而意深,很见功力。"看取国家朝气,在学童双颊"则着重突出儿童以表现未来。千锤百炼,一字不苟,乃此词之特色。

## 水调歌头

自广州北归,湘赣道中月色甚美,作此寄寅恪诸公。

一九五七年作

何处唤黄鹄,昨梦驾天风。罗浮峰顶俯瞰①,十万碧芙蓉。过岭浮湘前度,此地倘逢坡老②,今古转头中。有客擅谈马③,笑我鬻雕虫④。　芳菲国⑤,吟啸侣,羡诸公。单衣花下试酒,佳兴四时同。待酌西江一勺,伴唱后村三曲,洗出两青瞳⑥。我亦欲投老⑦,后约荔枝红。

**注释**

①罗浮:在广东博罗县境,著名胜地,有山水泉瀑、人文历史之胜。

②坡老:东坡,曾贬广东惠州,路经湘赣,后渡海再贬海南儋州。

③谈马:见前《水调歌头》(有客擅谈马)。

④鬻雕虫:炫耀雕虫小技。

⑤芳菲国:指广州。

⑥后村三曲:刘克庄号后村,有词屡及失明之事。青瞳:旧传瞳子有青光,能见幽隐。此言希望寅恪翁能复明。

⑦投老:归隐。

此词作于离广州北归途中。在湘赣月色朗照下,诗兴大发。回味与中大寅恪诸公高会之乐,乃作此词。上片唤黄鹄,驾天风,罗浮俯瞰,皆掷笔虚处,极言此行之美,俨如神游八表,逸兴遄飞。下片写广州乐事:与诸公花下行吟,单衣试酒,佳致无限。最后归结到对寅恪翁健康的祝颂,并表示了归老广州的愿望。词笔迅利,寄情恳挚,大家手笔,果然不凡。

## 望江南

避暑莫干山①

一九五七年作

一

吟未就,双鸟忽先还。云气黑沉千嶂雨,夕阳红漏数州山。欲画比诗难。

二

烟海外,残月尚纤纤。欲叱千山鳞甲起②,兜罗棉里看龙潜③。头角几峰尖。

三

支筇去,万象塔山前。解道夕阳无限好,衔山奇彩忽弥天。相顾几华颠。

四

三伏里,秋意已刁骚④。布地幂天皆竹影⑤,翻江倒海是松涛。人比月轮高⑥。

**注释**

①莫干山:在浙江德清县境,为天目山余脉。吴王阖闾派干将、莫邪来此铸剑而得名。山多竹泉云海,为消暑胜地。

②千山鳞甲:苏轼《行琼儋间肩舆坐睡梦中得句》:"千山动鳞甲,万谷酣笙钟。"此言山势夭矫如龙。

③兜罗棉:即木棉。此指云海。

④刁骚:萧骚,指凉风。

⑤幂(mì)天:蔽天。

⑥人比月轮高句:月轮山,在钱塘江边。此句言莫干山高过月轮山。

刻画风景,极为精彩。"云气黑沉千嶂雨,夕阳红漏数州山",将黑沉的云雨与红漏的晚霞对比写出，宛然一幅惊心怵目的油彩画面。"欲叱千山鳞甲起，兜罗棉里看龙潜"，雷雨闪烁中的连绵山势，被活灵活现地绘出来了，极富动感与气势之美。"衔山奇彩忽弥天"同写暮年光景，比"已是近黄昏"的凄凉，可谓截然两样，甚至也比"余霞尚满天"更为积极而富于进取精神。"人比月轮高"语意双关。除了海拔高低以外，还寓示着欲与日月山河比试高低之壮心烈抱在内，可说是当时精神面貌之剪影吧。

## 卜算子

己亥年正月十一日六十生日

一九五九年作

五十九年非①，猛悔如何改②？试上层楼望晚江，西日多奇彩。昨岁约飞空③，何日真横海？戏与儿童画字看，拄杖将成乃④。

**注释**

① 五十九年非："蘧伯玉行年五十而知四十九之非。"（《淮南子·原道训》）此活用其意。
② 猛悔：大悔。
③ 飞空：指御风之神游。
④ 成乃：谓老人弓腰拄杖，形如"乃"字。

此词作于"拔白旗""放卫星"的"大跃进"中。"猛悔"当是有感而发。夏公该年有赠同游学生之诗云："云山高处记幽寻，一语相开胜苦吟。我爱青年似青竹，凌云气概要虚心。"可与此对参。结句"拄杖将成乃"，惟妙惟肖地写出了老态。生新雅谑，令人捧腹。

## 菩萨蛮

### 访桐君公社①

一九五九年作

千林霜锦谁渲点？千滩雪练谁拖染②？谁与唤扁舟，千诗酬艳秋③？　　老农谈干劲，胜我夸吟兴："锄耙代刀枪，月光当太阳。"

**注释**

①桐君公社：在浙江桐庐县。

②千滩雪练：指桐江。

③千诗句：指1958年全国开展的采风运动。

这是反映"大跃进"中的词作。在举国亢奋，高喊"一天等于二十年"口号时，老词人是如何思考与创作的呢？此词中可见出一些端倪来。首先是写大美：如山铺红锦、江翻雪浪之类，其次是向民歌学习。如此词的下片纯用民谣口语，"老农谈干劲""月光当太阳"等，尽量用质朴而凝练的语言，来表现自己的感受。读这样的作品，使人想起"八仙桌下打太极拳"的功夫。这是特殊环境的产物，老词人放下身段创作了与以前风格不同的词作，为那个时代留下了一笔特殊的记录，也弥足珍贵。

## 临江仙

### 六十岁生日

一九六〇年作

安得鲁戈真在手①,重挥夕日行东。书城要策晚年功。江山支枕看,千丈海霞红。　自插梅花占易象②,如何报答春工。儿童休笑嗫嚅翁③。新词哦几首,鼻息起长风④。

注释

①鲁戈:《淮南子》载,鲁阳公与韩战,挥戈,反日三舍,继续战斗不已。

②梅花占易象:宋邵雍有《梅花易数》,以占卜人事之吉凶休咎。此言作者从梅花中感受到春天之喜悦。

③嗫嚅翁:《旧唐书·窦巩传》:"巩性温雅,多不能持论,士友言议之际,吻动而不发,白居易等目为嗫嚅翁。"此为夏公自指。

④鼻息句:鼻息如风,极言体气康强。

此词言年已六十,斗志未衰,仍要挥戈奋斗,创造暮年的辉煌。"江山支枕看,千丈海霞红",以小形大,铺垫入妙,极具笔力。下片"自插"二句,高古通神。末言休笑嗫嚅老叟,尚能鼻息如虹。语奇而境阔,令人耳目一新。

## 水调歌头

### 自吴淞泛海①

一九六一年作

万象入横放②,一舸独趋东。眼前涛飞岳走,独立我为峰。昨梦相逢坡老③,伴我送江入海,咳唾满天风④。脱手得奇句,脚底起蛟龙。　　琼儋笔⑤,扫星宿,落心胸。憾事铜琶铁板,海国闷笙钟⑥。坡笑兹游奇绝,百世几人一遇,此事付诸公。相顾拭吟眼,红旭正瞳昽。

**注释**

①吴淞:江名,由上海入海。
②万象句:言天地万象,拥到目前。
③坡老:指东坡。
④咳唾句:犹言开口发声如珠玉滚滚。
⑤琼儋:东坡晚年,贬谪琼州、儋州。
⑥闷笙钟:闷,闭。笙钟:音乐。此句言东坡在海南没有写词。

此词气象宏阔,妙于联想。作者从吴淞泛海见到涛飞岳走的壮观景象,联想到东坡南渡琼州海峡的琼儋之贬,以及他"咳唾生珠玉,随风落九天"的奇章妙句。"脱手得奇句,脚底起蛟龙",极写东坡渡海诗作之神奇不凡。下片则从东坡渡海无词这一点生发出一段梦中对话:"坡笑兹游奇绝""此事付诸公"。"此事"即指写词。最后以"相顾拭吟眼,红旭正瞳昽"之光明壮景作结。有挥斥万象的气概。

## 水调歌头

亮夫告诉我：秋光之美，世界名胜奥区无及杭州西湖者。今年九月自杭赴沪，夜车中作此词。时施华滋先生自柏林来书，即以为报①。

一九六一年作

秋水不能画，西子有明眸。醉人千顷波碧，临镜欲横流②。待续坡翁俊语，宜雨宜晴而后，谁识更宜秋。三月碧桃水，且莫酿春愁。攀斗柄③，探月窟④，壮哉游。故人相望何处？万里海西头⑤。争似断桥吹笛，携得波光西子，招手落双鸥。让汝广寒阙，容我占湖楼。

**注释**

①亮夫：姜亮夫，杭州大学教授。施华滋：德国汉学家，曾来杭州大学做访问学者。
②欲横流：指西子动人的眼光，溢出镜外。
③斗柄：北斗七星之前四星组成斗形，后三星则成柄状，故云。
④探月窟：时美国载人火箭已登上月球。
⑤海西头：古书称大秦为海西。此指德国。

此词写西湖秋光之美，可说尽态极妍，有无上妙谛，为夏公代表性作品。词的上片作者拈出了"醉人千顷波碧，临镜欲横流"之特美，作为东坡的"宜雨宜晴"的补充，可谓占尽风流的发现。下片则把它与升天探月的壮举加以对比。在作者看来，断桥吹笛、湖上招鸥的人文游赏，要胜过对广寒宫殿的造访。这是人文情怀与科学技术，也是形象思维与科学实证的差异问题，俨然是濠上观鱼的庄惠之辩之现代翻版了。

## 水龙吟

### 谒辛稼轩墓①

一九六一年作

坟头万马回旋②，一笻来领群山拜③。长星落处，夜深犹见，金门光怪④。化鹤何归，来孙难问⑤，长城谁坏⑥。料放翁同甫，相逢气短，平戎业，论成败！　莫恨沂蒙事去⑦，恨平生驰驱江介⑧。词源倒峡⑨，何心更恋，长湖似带？试听新吟，烟花万叠，山河两戒⑩。待明年来仰，祁连高冢⑪，兀云峰外。

**注释**

①辛稼轩：辛弃疾之号。稼轩墓在江西上饶铅山。
②坟头万马：指坟头山势如万马回旋。
③一笻句：指作者扶笻至此观赏群山环墓之形势。
④金门：江西上饶之别称。光怪：指神奇气象。
⑤来孙：后代子孙。
⑥长城谁坏：南朝刘宋诛杀檀道济，道济脱帽投地曰："乃坏汝万里长城。"
⑦沂蒙事去：稼轩随耿京起义兵反金，在沂蒙一带。
⑧江介：江间，长江两岸。
⑨词源倒峡："词源倒流三峡水，笔阵独扫千人军。"杜甫诗句。形容文思浩荡。
⑩山河两戒：古书言我国山脉有南戒、北戒两条龙脉。
⑪祁连高冢：汉武帝为霍去病筑坟，仿祁连山。此言上饶地方政府欲为稼轩营建新坟。

谒墓词中极品。一起五句，通过万马回旋的群山以及光怪陆离的气象，烘托稼轩的事业、性格与贡献，可谓形神俱旺。"一笻来领"的"领"字下得重若千钧，出人意外。"恨平生驰驱江介"以下三句，犹言奋战江干的英雄，纵有倒峡的文才，又哪能安心归隐带湖呢？句曲而意刚。"试听新吟"写中华人民共和国成立后之新貌。结尾三句是说人民正拟新修高耸入云的大墓，以纪念这位爱国伟人。通篇大气磅礴，精光万丈，令人震撼。

## 南乡子

### 寿晓沧翁七十①

一九六一年作

七十未华颠,浩荡春风桃李前。唤起吴兴张子野②,翩翩。老有童心即地仙。　　门巷断桥边,眉月初三正上弦。笑指孟光妆镜底③,湖天。同看青春五百年。

注释

①晓沧:郑宗海,字晓沧。

②张子野:宋词人张先,字子野,寿逾八十。

③孟光:梁鸿之妻。此指郑之夫人。

寿词易落套,此则不然。从历史古贤切入,体既尊而境又阔。两结最佳,"老有童心即地仙"与"同看青春五百年",妙于比喻,通体皆超,而无一点俗气。

## 鹧鸪天

一九六一年作

一片西湖紫复红,安排心绪费春工。赓酬燕语无新曲①,牵引杨枝有好风。　馀梦寐,得从容。似闻天语在星空。何须更作花间语②,身在金风玉露中③。

**注释**

①赓酬:报答。

②花间:唐五代词派名。此派语多秾艳隐秀,以温庭筠、韦庄为代表。

③金风玉露:爽朗之秋高气象。秦观《鹊桥仙》:"金风玉露一相逢,便胜却人间无数。"

此为西湖之赞歌。红紫百重的西湖,是春工刻意安排的杰作。呢喃的燕语无多新意,婀娜的杨枝却带来了无尽的好风。面对欣欣向荣的景物,词翁似乎从造化中获得了一种感悟:如果置身金风玉露的秋光中,真应该弹奏出不同于花间情调的词曲来。表现出新的审美价值观,值得从容玩味。

## 玉楼春

### 听苏州评弹

一九六一年作

三条弦上平沙谱①,历落盘心珠与露②。低空乍有盖头云,碍一晌秋塘荷语③。　谁浮春水摇柔橹,学作吴娘歌暮雨④。依稀卵色五湖天⑤,度百丈风头高絮⑥。

**注释**

①平沙谱:古琴曲有《平沙落雁》。

②珠与露:白居易《琵琶行》:"大珠小珠落玉盘。"

③盖头云:陆游诗:"似盖微云才障日。"碍一晌:耽误片刻(晌)之意。

④学作吴娘句:白居易诗:"吴娘暮雨潇潇曲。"

⑤卵色:青色。

⑥度:度曲,弹奏出。

此词声调高亢,有硬语盘空之气势。"低空"二句与"度百丈风头高絮"尤其如此,当是特意要与"吴娘暮雨"作一区割。"碍一晌""度百丈"不仅语硬,而且句式的安排也戛戛不凡,充分体现出夏词清刚劲健的特色。

## 虞美人

永康访陈龙川遗迹,过五峰书院遇雨[①]。

一九六三年作

听秋客岁鹅湖寺[②],诗在滩声里。今秋一路永康山,为有水心同甫、便忘还[③]。　　早年口熟笺天语[④],衰白惭章句[⑤]。五峰云气走崔嵬,犹有排闼馀愤、作风雷[⑥]。

**注释**

① 五峰书院:在浙东永康。南宋淳熙间朱熹、叶适、陈亮、吕祖谦于此讲学,为浙东学派发祥地。
② 鹅湖寺:在江西上饶。陈亮、辛弃疾曾于此商议大事。
③ 水心同甫:叶适字水心,陈亮字同甫。
④ 笺天语:指呈奏皇帝之文字。龙川中状元之试卷中有"天下大势之所趋,天地鬼神不能易,而易之者人也。"
⑤ 衰白:作者自言衰老。
⑥ 排闼:推开宫门直陈政见。

此词高度赞美陈亮的文章事业。词意略云:去年走访鹅湖,在滩声里聆听了他与稼轩的诗词作品。今秋造访五峰书院,见到叶适、陈亮的遗踪,便徘徊流连,忘了回去。你的笺天高论令我钦佩难忘。眼前的风雨雷电,不正是你排闼英气的体现吗?结句气冲牛斗,令人惊叹。

## 玉楼春

北京看节日焰火,次日乘飞机南归,歌和一浮、无量两翁①。

一九六三年作

归来枕席馀奇彩,龙喷鲸呿呈百态②。欲招千载汉唐人,同俯一城歌吹海。　　天心月胁行无碍③,一夜神游周九塞。明朝虹背和翁吟,应有风雷生謦欬。

**注释**

①一浮、无量:马一浮、谢无量,皆政协委员,一同应邀出席国庆观礼。

②喷:吹气。呿:张口。

③天心月胁:周益公跋杨万里集,谓杨文有"皆扫千军、倒三峡、穿天心、透月胁"之语。

此为继雅开新之绝唱,最能代表夏公词作之高度。用"龙喷鲸呿"形容满空飞舞的礼花,可谓形神毕肖的妙想。"明朝"二句以謦欬生风雷,形容二老诗词之不同凡响,真是匪夷所思的笔墨。眼中森罗万象,笔底滚滚风雷,此词之谓也。

## 浣溪沙

### 自题学步集

一九六四年作

六十犹为学步人，昌诗敢负百年身①，川原放眼看青春。　　慵倚箫声梦巫峡②，欲凭酒胆颂昆仑③，江天夜夜月如轮。

**注释**

① 昌诗：昌大诗词事业。
② 梦巫峡：宋玉有《神女赋》，写楚王与神女共寝之浪漫情事。作者鄙之，故曰"慵倚"。
③ 颂昆仑：毛公词有"而今我谓昆仑"之语，此指赞美当代。

此为自题诗集之作。一起二句前抑后扬。"学步人"，小儿学走路，何其谦抑也。"昌诗"则云为了弘扬诗道哪敢虚度此身，语意一转而大气磅礴。放眼川原，生机满眼，如春水方生，气象无限。下片犹言应换一副笔墨来歌颂领袖，要像江天的圆月一样放出大光明来。

## 菩萨蛮

### 新安江水电站①

一九六四年作

新安人说青天上,飞车回首云千丈。画里过秋城,江光泼眼明。东南星宿海②,不夜看奇彩。昨晚几诗成,袖归朵朵星。

**注释**

①新安江水电站:新中国第一座自行设计、施工的大型水电站。1957年开工,1960年基本建成。该水电站位于建德市铜官峡中,千岛湖景区由此形成。

②星宿海:此写夜景有如天上星光灿烂。它与长江源头的星宿海有别。

旧体诗词如何表现时代,是大家关心的问题。夏老此作就是一个成功范例。上片写新安之高与美,用"回首云千丈""江光泼眼明"表之,便充满力量与新机。下片以"星宿海"的不夜奇彩,写库区的斑斓灯火,已是入奇。最后以"袖归朵朵星"比喻自己的诗作,取譬星辰更是神奇无比。

## 浪淘沙

### 送胡伦清移住绍兴①

一九六五年作

何必赋归哉？招手方回②。山阴道上翠成堆。斗酒渡江真一快③，风雨崔嵬。　　来岁菊花开，定不徘徊。放翁拍手两翁来④。百岁传经都不厌⑤，好共传杯。

注释

①胡伦清：浙江师范学院教授。绍兴：古称山阴。
②方回：即北宋词人贺铸，远祖贺知章。其先世居山阴，自称庆湖遗老。
③斗酒渡江：喝着酒渡过钱塘江。刘过词："斗酒彘肩，风雨渡江，岂不快哉。"
④放翁：陆游亦绍兴人。两翁来：指胡与作者。
⑤百岁传经：时作者与胡伦清皆执教近五十年。

起得突兀。"何必赋归哉"，是翻陶渊明陈案，陶因"田园将芜胡不归"，与胡翁之退休荣归有别。下三句正面述说归休之快，并预定来岁赏菊之约。结尾设想山阴放翁一定会拍手称快，欢迎两位教龄共百年的诗友归来，能不酩酊一醉？"风流犹拍古人肩"，设想之妙，令人叹服。

## 满江红

### 拟王越谒岳坟①

一九六五年作

天日昭昭②,抚坟柏、阴森砭骨。当年恨、长城自坏③,出师方捷。一镜烟花湖里外,两河间巷箫鸣咽④。负中原父老望旌旗,头如雪。　　靖康恨⑤,休重说。成弘耻⑥,眦同裂。仗威灵一洗,贺兰山缺⑦。欲报百觞无酹处,风波亭下涛千折⑧。谢姮娥、拥出旧山河,潮头月。

**注释**

① 王越：明成化、弘治间兵部尚书。凡三出塞,收复河套失地。其《王襄敏集》有谒岳坟诗。岳坟：在杭州西湖。
② 天日昭昭：岳飞在大理受审,书"天日昭昭"四字明志。
③ 长城自坏：南朝刘宋文帝忌惮檀道济威名,诬杀道济。道济脱帽投地曰："乃坏汝万里长城。"
④ 两河句：谓黄河南北沦陷敌手,人民生活在苦难之中。
⑤ 靖康恨：宋钦宗年号曰靖康。时金兵入汴京,徽、钦二帝被俘。
⑥ 成弘耻：明宪宗时鞑靼屡屡入侵。
⑦ 贺兰山：在宁夏河套。王越连战皆捷之地。
⑧ 风波亭：南宋大理寺狱在西湖风波亭。岳飞于此被害。

上片言岳飞出师方捷,却遭诬杀。是自毁长城,坐使国家分裂,民生涂炭的痛史。下片称赞王越收复河套、踏平贺兰山,一雪成弘之耻。最后以酹酒奠祭英雄作结。忠义奋发,令人心潮澎湃。

## 满江红

### 拟岳飞班师

一九六五年作

万马腾秋,前锋报、黄龙城阙①。喜照我,金杯无恙②,秦时明月。白雁乌珠休战栗③,单于冒顿俱飘忽④。手挥归,护汝旧金瓯,同无缺。　　班师诏,晴雷急。还朝路,啼鹃切。过望仙桥畔⑤,龙泉频拭⑥。百战艰难忠涅背⑦,三言惨淡谗销骨⑧。任黄尘扑面鬓犹青⑨,心如铁。

**注释**

①黄龙城阙:金人大后方曰黄龙府,在今吉林。"直捣黄龙,与诸君痛饮"是岳飞的战斗目标。

②金杯:犹金瓯。

③白雁乌珠:伯颜与金兀术的别称。

④单于冒顿(mò dú):匈奴首领名,骁勇多智谋。

⑤望仙桥:秦桧住所。

⑥龙泉:宝剑名。

⑦忠涅背:岳母于飞背上刺"精忠报国"四字。

⑧三言:即"莫须有"(也许有),是秦桧回答韩世忠质疑岳飞案情的话。

⑨鬓犹青:鬓发尚黑。岳飞死时才39岁。

"拟岳飞班师"与"拟王越谒岳坟"皆是极富想象力的英雄壮词。此词上片"万马"二句极言兵锋之锐,所向披靡。"白雁"二句则力述军威之烈,顽敌破胆。可谓气壮山河之笔力。下片之"忠涅背""谗销骨""尘扑面""心如铁"则统述其冤深如海、谤积如山之苦恨悲情,达到了腐心销骨的程度。

## 菩萨蛮

**谢神田喜一郎教授寄赠《日本填词史话》**①

一九六五年夏作

偏师一战归成霸②,朗吟人亦从天下。槐竹各干云③,后身应是君。　词流携屐地④,回首今何世?万帜展东风,蓬莱怒海中⑤。

**注释**

①神田喜一郎:日本京都大学教授,诗人,汉学家。
②偏师句:指嵯峨天皇时词学东传,蔚成风气。
③槐竹:森槐南与高野竹隐,皆日本明治间的词人。君,指神田。
④携屐地:文士着屐(木底鞋)游赏。
⑤蓬莱:此指日本。当时日本民众正举行反对武装军国主义的游行。

此词关乎中日文化交流。作者对神田君研究日本词学评价甚高,故称之为从天而下的朗吟人。"万帜展东风"二句,更是对日本人民和平诉求的赞美。词虽短小,内容却很重大。

## 虞美人

### 寿冷生七十①

一九六六年作

弱龄学咏双星事，小阕依稀记②。画堂灯影有沧桑，能几回逢、各已满头霜。　　江城合眼长如画③，归梦真无价。三年一纸是寻常④，不用相思、自是不相忘。

**注释**

①冷生：梅雨清之字。梅是温州人，作者总角至交。
②小阕：短词。此指少年情窦初开时作的怀人绮语。参见前《浣溪沙·有忆》。
③江城：指瓯江边上的故乡温州。
④三年一纸：谓通信稀疏。

七十寿词却从髫龄情事说起，童心依旧，却俱已白头。沧桑之感，呼之欲出。下片写对故乡亲友的思念，"不用相思、自是不相忘"，以扫为生技法，犹言时刻在怀，用不上"相思"等闲言语。

## 玉楼春

### 神 游

一九七〇年作

灯前挂壁双芒屩①，不碍神游周九域。山河谁画好风光，圣佛自憎干矢橛②。　　灵妃皓齿如霜雪③，梦里殷勤求短阕。吟成电笑过千江，挥手西湖风与月。

注释

①芒屩（juē）：草鞋。

②干矢橛：《五灯会元》载，云门和尚答人问："佛是干矢橛。"

③灵妃：玉女。《神异经》："东王公与玉女投壶，矫出而脱误不接者。天为之笑。"注："开口流光，今电是也。"矫，投壶之箭形道具。

此词作于"文化大革命"动乱中，夏公禁足，不得出游。而对自由之渴望，乃产生了着草鞋神游九域的奇想。"圣佛"句犹言正置正邪颠倒、黄钟毁弃之乱局。词人只好把向往自由寄托梦中。电笑过千江，挥手西湖，皆为此而发。

## 鹧鸪天

一九七三年作

到骨新恩是嫩凉①,水边枕簟小胡床②。一樽自酌西江月,四海谁知两鬓霜? 灯动荡,笔淋浪。扁舟梦路到鲈乡③。老来郊岛从人笑④,醉唤家人检锦囊⑤。

**注释**

①嫩凉:薄凉。

②胡床:可折叠之床,出于匈奴,故曰胡床。

③鲈乡:江苏吴江。晋张翰以思念故乡鲈鱼莼菜羹而辞官归去,故名。

④郊岛:孟郊、贾岛,以苦吟著称。

⑤锦囊:李贺"每日旦出,骑弱马,从小奚奴,背古锦囊。遇所得,书便投囊中"。

"文化大革命"中夏公禁足居西湖,虽迭遭批判,受尽折磨,然不改其山水情怀。"一樽自酌西江月,四海谁知两鬓霜",真有壁立千仞的气象。"老来郊岛从人笑,醉唤家人检锦囊",又何其自在潇洒也。

## 玉楼春

白华翁枉过久谈,即送其还京①。

一九七四年作

卅年葛岭依云住②。辜负山灵无胜语③。下床纳履见西湖,还羡湖头鸥与鹭。　一翁曳杖忽冲户④。来续辛陈吟大句⑤。胸中海岳梦中飞,笑对孤山挥手去。

注释

①白华翁:宗白华,美学家,北京大学教授。

②葛岭:西湖地名,葛洪炼丹处。

③胜语:妙语。

④冲户:敲门。

⑤辛陈:辛弃疾、陈亮。

信口吟来,得大自在。"下床纳履见西湖",何等潇洒。"胸中海岳梦中飞,笑对孤山挥手去",乃言白华翁容止气度,又是何等的高岸旷放。词翁妙诣,每每如是。

## 南歌子

一九七四年作

莺燕无呵殿①,鹭凫共往还②。故人出处不相关。落手西湖③、何必问严滩。　　醉卧蕾腾去,行歌杳渺间。春风缓步铗休弹④。修到双筇、日日绕孤山。

**注释**

①莺燕:谓情侣。姜白石《踏莎行》:"燕燕轻盈,莺莺娇软,分明又向华胥见。"呵殿:古代官员出行的仪卫。前呵后殿,令人让道。白石《鹧鸪天》词:"白头居士无呵殿,只有乘肩小女随。"乘肩,坐轿。

②鹭凫:鸥鸟与野鸭。泛指水禽。

③落手:伸手,举手。

④铗休弹:不必弹铗归去来。

词言西湖闲居之清美。虽无女侍呵护,却有鸥凫相伴。抬脚就是西湖,何必去访严滩?醉卧行歌,日绕孤山,自是清福无限了。处厄境不以累心,此等道心殊不易到。

## 卜算子

### 万年少画顾亭林像①

一九七四年作

六合仰头看，万事低眉去。一雁不飞一叶无，秋到无声处。恍有断鸿来，怅望关山路。携梦同翻九域图②，莲朵峰头住③。

**注释**

①万年少：明末爱国志士、画家，与顾亭林、方密之交笃。
②九域图：犹言中国地图，此指顾之《天下郡国利病书》。
③莲朵：华山形如莲花。

词为赞美顾亭林而作。"六合"句极言其气宇轩昂，有横绝六合之襟抱。"万事低眉"三句则写当时环境之桎梏人才。下片写困顿中产生的"飞腾"心愿。愿携九域图追随顾氏直上莲华峰顶，一吐胸中块垒。虽处逆境，而气象开张如此。

## 减字木兰花

归玄恭画松直幅,上有顾亭林题字,时顺治九年壬辰,归、顾各年四十①。

一九七四年作

丹青挥洒,谁识楚狂心事者②。地老天荒,鳞鬣之而斗雪霜③。风云芒砀④,消息江关长北望。梦路双筇,忍见龙移日观峰⑤。

**注释**

①玄恭:归庄之字。归是江苏昆山人,书画家、文学家,与顾亭林善,有"归奇顾怪"之目。

②楚狂:《论语》言楚狂接舆歌而过孔子。此指归玄恭。

③鳞鬣之而:指归所画长松。王安石诗:"彩鲸抗波涛,风作鳞之而。"而,颊上须也。此指长松如龙,须鬣开张,可抗风霜。

④芒砀:在徐州。玄恭、亭林常住徐州万年少家。

⑤龙移:此指明祚已覆。日观峰:泰山峰名。

从归、顾的画作与题字中,可感受到一种爱国志士的人格力量。夏公拟之为斗雪长松,并想飞梦华山以追踪伟人踪迹。皆寄喻高远、壮怀磅礴之作。

## 玉楼春

乙卯正月十一日七十六岁生日，寻梅放鹤亭，与无闻诵龙川句作此①。

一九七五年作

溪童野老同歌唱，不必巢居寻鹤氅②。年年生日酒无缘，处处寻梅诗有账。　　收香藏白怜娇样③，唤起龙川看气象④。昨宵梦路绕孤山，百万玉龙迎短杖⑤。

**注释**

①乙卯：1975年。放鹤亭：在西湖孤山。龙川：陈亮字。

②鹤氅：鹤羽外衣，指林逋。

③收香藏白：朱敦儒《念奴娇》词中句。收其清香，藏其白色花瓣。

④唤起句：陈亮咏梅句："欲传春信息，不怕雪埋藏。"

⑤百万玉龙：指雪花飞舞。张元《咏雪》诗："战退玉龙三百万，败鳞残甲满天飞。"

七十六龄老词翁，劫难中自寿之作，而气象高岸雄杰如此。岩岩鸿儒自能宠辱不惊也。该年8月吴闻夫人相陪来京养疴，大受敬重与关照。与京中词友赓唱不息，开始了"暮年诗赋动江关"的人生又一高峰。"百万玉龙迎短杖"正是其蓬勃创造力的象征。

# 玉楼春

## 奉怀邓恭三教授①

一九七五年作

中年避寇东循海②，送子西行歌敌忾③。一编通袖稼轩词④，磊落交情四十载。　　灯前山妇兴遥慨⑤，陈吕精魂风百代⑥。待浮单舸访瓢泉⑦，直曳双筇临泰岱⑧。

注释

①邓恭三：邓广铭字恭三。邓是山东人，北京大学教授。
②避寇：作者20世纪40年代于上海租界任教时，邓自北平来访。
③送子句：当年邓广铭先生取道上海赴西南联大，公为饯行。
④一编通袖句：袖藏《稼轩词编年笺注》持送夏公阅正。
⑤山妇：此指夫人吴闻。
⑥陈吕精魂：指邓著《陈龙川传》中所引《祭吕东莱文》。夏公夫妇读之洒泪。
⑦瓢泉：辛弃疾住所，在江西上饶。
⑧泰岱：泰山之别称。

此词作于1975年11月。原题作《玉楼春·答访邓恭三夫妇北大宴会》。词记二人文字友谊，20世纪40年代订交于上海租界，获观其《稼轩词编年笺注》，并送其赴西南联大任教。下片则言40年后北京相晤，复读其有关陈亮之著作，感动得泪下不止。最后以访瓢泉、临泰岱相约，皆与学术有关。用事贴切，气象开张，读之弥增友情之重。

## 水调歌头

梦冷生、鹭山莅止湖楼,作此奉寄,即为冷生八十寿①。

一九七五年作

双客闯然到,灯火吐光芒。湖头大月初上,酒面似人黄②。劲老便便腹笥③,倘为谈词猥葸④,投老一匡床⑤。谁弄跳丸戏,日月比人忙。　　灵岩路,迎匏老⑥,木千章。灵湫匹练灌顶⑦,特健更何方⑧。寝馈龙川一卷⑨,商略月轮百阕⑩,山妇在门墙。归计是长计,八表笑鸾皇。

**注释**

①湖楼:此指作者西湖故居月轮楼。
②酒面:言黄月现于湖上,如人醉酒。
③劲老:梅冷生之别号。便便:腹肥大貌。
④猥葸(wěi bèi):曲折貌。
⑤匡床:方床。此谓劲老病瘫,日居床上。
⑥灌顶:佛门上师以宝瓶灌顶为弟子驱除邪气,开悟智慧。
⑦匏老:鹭山别号。
⑧特健:古人以欣赏书画金石为特健之药。阮元《作石画记并题》云:"宜此特健药,与之相磨砻。"
⑨龙川一卷:时作者正修订《龙川词校笺》。
⑩月轮:作者词集名。

怀念故友,结想成梦。夏公与梅冷生、吴鹭山为莫逆交。诗书往来,自少及老,未之间断。此作语气高奇,如"灯火吐光芒""灵湫匹练灌顶""八表笑鸾皇",皆妙于造句,气象恢宏可喜。

## 临江仙

陈从周赠泰山松枝杖，因起远游之兴。

一九七五年作

七宝楼台弹指现①，羡渠手段翻新。凉堂林月白纷纷②。看山谁伴我？得句便思君。　八表神游今不羡，何须去问鸥群③？北行消息盼秋分，一筇天外到，带得岱宗云④。

注释

①七宝楼台：此指从周研究建筑，有翻新殿堂之手段。
②凉堂：在孤山，有白居易遗迹。
③问鸥群：与鸥为伴共结山水之缘。
④岱宗云：泰山云游。

思笔俱超。弹指楼台，极言从周能力超群，"一筇天外到，带得岱宗云"，更是想落天外、气象万千之奇句。钟敬文先生盛赞夏老"望气知奇"，可谓的论。

## 浣溪沙

### 忆竺藕舫翁①

一九七五年作

花港何时迓钓船，孤山有约访逋仙②。西湖梦路晓莺天。　乍可灯前谈虎观③，不须劫罅话龙泉④。梅花消息五千年⑤。

**注释**

①藕舫：竺可桢号，竺为气象学泰斗。
②逋仙：后世谓林和靖。
③虎观：白虎观，汉宫殿名。汉章帝时聚博士、议郎及诸儒，辩五经异同，作《白虎奏议》。
④劫罅：大劫之间隙。龙泉：抗战时期，作者在浙江大学龙泉分校任教，竺为校长。
⑤梅花句：时竺翁以新著《中国近五千年来气候变迁的初步研究》相赠。

此词作于旅居北京时。上片追忆西湖胜游。时已离西湖，故有"梦路"之语。下片言相会京门，可以作虎观之雄辩，发历劫之感慨。此语双关，既指抗日之避兵，亦有慨十年动乱之苦厄。大劫之隙，正谓"文化大革命"之间隙也。最后以"梅花消息五千年"收篇，则其愈挫愈勇之气象仍依旧也。

## 紫霄曲①

一九七五年自度之作

屏开霞绮②,有银河倒挂,家山画里。此生归兴属灵岩,何意扁舟梦西子。

猿公教我③,乞紫霞片席,好安顿、吟魂稳睡。五车身后且休论④,一壑自专聊窃比⑤。

**注释**

①紫霄曲:夏公1975年7月赴京养疴前作于杭州。紫霄,雁荡山之峰名。
②霞绮:言山间景色如云霞彩练。
③猿公:事见《吴越春秋》,原指精通剑术的白猿,后多指遁世之意。
④五车:言著书之多。
⑤一壑句:指独占一壑以为隐居之意。窃比:谦词,私自比拟。《论语》:"窃比于我老彭。"

此为夏公罕有的自度曲,着重抒发对故乡山水之向往。前三句极言雁荡之美:有云霞满眼的紫霄奇峰与银河倒挂的龙湫飞瀑。如此家山才是词翁最向往的归休之地。下片则希望觅得片席安顿吟魂。身后是非无须计较,当一个山林隐者,即是老人最大的心愿。"好安顿、吟魂稳睡",可谓高绝尘寰、风致无限了。

## 临江仙

乙卯秋卧病北京,承诸友好关注殷拳,调护周至,乃得转危为安。无闻嘱写"五车""百辈"旧句为谢①。

一九七五年作

七十六年弹指,三千里外吟身,高秋携杖叩京门。山河朝绚日,灯火夜连云。　到处天风海雨②,相逢鹤侣鸥群。药烟能说意殷勤。五车身后事,百辈眼前恩。

**注释**

① "五车""百辈":1936年所作《临江仙》词结句为:"五车身后事,百辈眼前恩。"以答谢调护周至之亲友。"五车"言书籍之多。"百辈"指亲朋。

② 天风海雨:指与京华词友过从之乐。陆游云:"试取东坡词歌之。曲终,觉天风海雨逼人。"

此词作于1975年9月。先此8月1日,夏公以治病为由到京。时余任教北京中药学院,遵伯驹师之嘱,当日即往探视。安排就医、住院诸事。京中词老如张伯驹、黄君坦、吴则虞、萧钟美、周汝昌、徐邦达诸先生,以及邓广铭、陈贻焮、启元白、钟敬文诸教授,相与往来,精神愉快,颇得诗酒相与之乐。身体渐趋康复,乃作此词为谢。此后十一年间创作了数百首诗词和一批论文,为夏公又一个丰收期。此词气象光昌,寄情深挚,是了解其晚年生活之重要作品。伯驹先生为作和词云《临江仙》(夏瞿禅词家赠笃文词,依其韵赠瞿禅):"自有藏书笥腹,长留阅岁松身。湖山卧看不关门,笔飞惊落鹜,词唱遏行云。　家在莺闻柳浪,人如鹤立鸡群。梅花更对喜为神,一时清地望,半世住天恩。"惊才绝唱,此为京门酬唱之始。余亦有继声之作《临江仙·和瞿丈赐词》:"一代骚坛疏凿手,坡翁可是前身。琼瑰光阵接天门。词翻江海水,笔拨岳巅云。　化雨春风无远近,漫云逸足骛群。甘霖淑气见精神。驰驱惭宿愿,薰沐荷新恩。"立雪程门乃从此始。

## 减字木兰花

过北京政协礼堂,忆往年陈毅同志邀宴六客:马一浮、熊十力、沈尹默、傅抱石皆已去世,今存者惟尹默夫人及予耳。感此作《减兰》词。

一九七五年作

东华歌吹,出手当筵千百字①。岁岁高楼,相见昆仑最上头②。西山爽气,依旧秋光红与紫。招手鸾凰,他日来寻六客堂③。

**注释**

①出手句:尹默翁当筵诵赠陈毅元帅长诗。
②岁岁二句:陈毅元帅约年年为此会。
③六客堂:宋朝松江有六客亭。东坡云:"余昔自杭移高密,与杨元素同舟。而陈令举、张子野皆从吾过李公择于湖,遂与刘孝叔俱至松江。夜半月出,置酒垂虹亭上。子野年八十五,以歌词闻于天下,作《定风波令》。"见《诗话总龟》。

此词记录了20世纪60年代初期一段文坛佳话。为士林敬重的陈毅元帅设宴款诗坛大老,相与切磋诗艺,一派雍和自在的气象。孰料"文化大革命"变生,身堕旷劫。往事萦回,真是恍如隔世了。以"相见昆仑最上头"之风发意气,来寻物是人非之六客堂,能不感慨系之?

## 减字木兰花

### 乙卯秋日北京诸词友邀游西山①

一九七五年作

西山爽气,今日京华图画里。唤起辛陈,倘识尊前我辈人②。酒痕休浣,梦路江南天样远。如此溪山,容易重来别却难。

**注释**

① 北京诸词友:此次秋游由伯驹翁发起,参加者有伯驹师、潘素伉俪,承焘师与吴闻师母,钟敬文、陈秋帆伉俪,萧劳、徐邦达、周汝昌先生等。余以侍者陪同,参观了香山寺庙与曹雪芹故居。此时已到"文化大革命"末期,气氛相对宽松。诸老皆有佳作。

② 倘识:或许认识。

此次雅集为农历八月三十。秋光正好,政治气氛相对宽松,所以才有如此高端的名流雅集,如此飞扬的词彩文情。"唤起辛陈,倘识尊前我辈人",位置殊高,出于名辈之自信;"如此溪山,容易重来别却难",以顿挫之笔写出对佳山水的眷慕之情,可说情深笔健。此词一出,和者众多。伯驹师当下有《减字木兰花》(和瞿禅同游西山,并访曹雪芹故居)云:"西来秋气,雁影霜痕黄叶里。情意酸辛,梦觅红楼弔恨人。 碧天如浣,衰草连天天更远。南望湖山,销也无金去也难。"余亦作有《减字木兰花·和瞿丈香山词》:"盵年间气,认取秋风岚影里。茹苦含辛,凄绝红楼弔梦人。 露痕莫浣,一滴也知天近远。去住湖山,坐满耆英会最难。"往事萦回,老成凋零殆尽,唯余独存。述此以志一时之胜云。

## 好事近

**作铭翁嘱题王献唐画幅**①

一九七五年作

万籁谱商声②,想见灯前落笔。千佛山前烟景,约短筇双屐。东华风月话重逢③,小阕酒边得。照眼几张红叶,梦紫霄秋色④。

**注释**

①作铭:考古学家夏鼐之字。王献唐,山东日照人,长于金石考古,亦工书画。
②商声:秋声。
③东华:指北京。
④紫霄:雁荡有紫霞峰,秋色极佳。

从王献唐的红叶秋景画作联想到万籁商声与千佛烟景以及短筇双屐的游踪,可谓工于想象。"照眼"二句,则从画图引发紫霞秋色的家山之梦。虚空着色,故故动人如此。

## 浣溪沙

郁达夫殉难三十周年

一九七五年作

碧浪船迎樊榭翁①,谪仙楼阁啸长风②。两番梦境记初逢。欲吊离魂何处去,六和塔顶晚霞红③。越山终古浪花中。

**注释**

①樊榭翁:厉鹗的别名。樊娶姬人于湖州碧浪湖上,达夫有小说纪其事。

②谪仙句:安徽当涂有李白墓与谪仙楼,达夫有《采石矶》小说。

③六和塔句:作者与达夫20世纪30年代同任教之江大学,该校与钱塘江边之六和塔相邻。

上片写达夫的诗词情怀:曾为厉鹗与李白写小说传记,可谓梦寐不离诗词。后片写作者与达夫的情谊,曾同执教之江大学,徜徉于钱塘江六和塔边。结句以万古不消的越山波浪隐喻达夫的历史地位,有节短韵长之叹。

# 木兰花慢

## 泛颐和园昆明湖

一九七六年作

西湖杯底见①，杯覆了，见何乡？正万叶秋声，五更风雨，吹绕宫墙。老孀②，高寒住厌，可知道下界有欃枪③？试抚石鲸鳞甲④，彩虹犹映斜阳。　　红桑⑤，回数劫茫茫。高冢瓮山旁⑥。记长髯长计⑦，曾教缓放，万野牛羊。胡床，天龙坐稳，便从心四向射天狼⑧。但怪书城倦客，为谁误赋投湘⑨？

**注释**

①杯底见：形容西湖水浅。"见"通"现"，显露。

②老孀：指慈禧。孀，老年寡妇。

③欃枪：慧星的别名。古人以为其出现则有刀兵之灾。

④石鲸鳞甲：汉武帝修昆明池，中有石鲸，此借指颐和园昆明湖。

⑤红桑：劫难名。

⑥高冢：耶律楚材墓在昆明湖侧瓮山之下。

⑦记长髯句：楚材长髯，曾谏阻元太祖以汉人田地放马之策。

⑧天龙坐稳二句：言元太祖坐稳宝座，再四出征战。

⑨但怪二句：指王国维1927年自沉于昆明湖。

夏公泛舟昆明湖，竟引发了偌大的历史感喟。这是一首信息密集、感喟苍茫的怀古之作。上片着重批判慈禧高高在上，不知人世的疮痍与战乱，导致国脉垂危、民生凋敝之惨局。下片上溯到蒙古入主中原以来的红桑劫数，包括蒙古贵族如何想将汉人的田地改为牧放牛羊的场所而被楚材谏止等。最后则为王国维自沉事深表嗟悼。登临湖山而致深慨，俯仰今昔而发怀古之幽情，令人读后有无穷之感慨。

## 平韵满江红

### 学书一首示无闻

一九七六年作

君学书耶？盍偕我、神游九垓①？展百丈、青天作纸，净扫纤埃。腕底风云来泰岱②，盆中日月见江淮。诵谢翱③、奇句好同君，临石斋。　　寄千纸，题荡台④。携百束，上邛崃⑤。羡几年先我，紫塞金台⑥。待唤文箫骑虎去⑦，好同函谷跨牛来⑧。听何人、笔阵挽河声，如怒雷。

**注释**

① 盍：何不。九垓：九州外荒远之地。
② 腕底句：明书法家黄石斋有《登泰岱诗帖》。
③ 谢翱：宋末诗人谢翱诗："闺中玻璃盆，贮水看落月。看月复看日……疑此一掬水，中涵济与淮。"
④ 荡台：天台山、雁荡山，均在浙江。
⑤ 邛崃：山名，在四川。
⑥ 紫塞：《古今注》："秦筑长城，土色皆紫。"金台：黄金台，在北京。此泛指内蒙古、北京一带。
⑦ 文箫：相传唐进士文箫与妻吴彩鸾居钟陵，彩鸾日写《唐韵》一部，售之为生。历十年，各骑一虎仙去。
⑧ 函谷跨牛：老子骑牛出函谷关。关令尹喜劝其写《道德经》。

吴无闻师母与其兄天五先生皆习石斋体，卓然成家，作字与夏公酷似。此词写二老学书之乐，将学者的襟抱与诗家的灵心合为一体，既浓郁顿挫，又飞扬灵动，乃气象襟怀、妙造毫巅之作。

## 浣溪沙

### 寄岩石兄为枚生之发①

一九七六年作

谁曳双筇得得来，海山劫后我重回②，流莺软语问衔杯。　　造物有烦吾辈事，小词能劝野芳开。光风一夜满池台③。

**注释**

①枚生之发：汉枚乘著《七发》，欲以文章疗疾。岩石（彭靖）先生时亦有疾，夏公作词问疾，故云。

②海山劫：谓唐山地震。

③光风：王逸注《楚辞》云："谓雨已日出而风，草木有光也。"此谓春风能吹开花木。

词中"流莺软语问衔杯""光风一夜满池台"充满衮衮天机。以词疗病，词中别格。"造物有烦吾辈事，小词能劝野芳开"，用朱熹《探梅》诗"应为花神无意管，故烦我辈着诗催"意，却更为清新俊迈，有出蓝之妙。

## 玉楼春

### 赠周晓川君[1]

一九七六年作

楚兰满握殷勤授[2],犹记楼灯红似酒。临觞一笑勿沉吟,插帽双花期耐久。　东风百尺江潭柳,岁岁华予词几首[3]。雕虫千古亦才难[4],莫袖屠鲸横海手[5]。

注释

[1]晓川:周笃文字。

[2]楚兰:沅芷澧兰,见屈原楚辞。香草美人比喻佳士。笃文为湖南人,故云。

[3]华予:屈原《山鬼》:"岁既晏兮孰华予。"使自己得到快乐,免除寂寞之意。

[4]雕虫:"雕虫小技,壮夫不为",扬雄之语。朱彊村则云:"雕虫事,千古亦才难。"此用其意,谓文章大业所系,不得轻视。

[5]横海:谓笃文曾参加抗美援朝。

此词作于1976年2月。时随夏师侍读,颇有词作呈教。翁以孺子尚属可教,遂书此勉之。

## 水龙吟

### 总理周公悼词

一九七六年作

　　昨宵海岳都惊，拿云千丈长松倒。当胸红旭，当年同画①，山河杲杲②。一代伟人，千秋公论，六洲此老③。记西泠高会④，灯边梦境，还制泪⑤，温言笑。　　百万工农素缟，耐霜风学童翁媪。九关豺虎⑥，重阍魑魅⑦，公心了了。大地江河，送公归去，神游八表。但云端一哂⑧，祁连高冢⑨，任长风扫⑩。

**注释**

①同画：一同计划制定治国方略。

②杲杲：光明貌。

③六洲：犹言全中国。

④西泠高会：1956年5月，周恩来总理陪伏洛希洛夫访西湖，曾请马一浮、夏承焘诸老陪宴。

⑤制泪：止住眼泪。

⑥九关豺虎：《楚辞》："虎豹九关，啄害下人些。"

⑦魑魅：鬼怪。

⑧一哂：一笑。

⑨祁连高冢：汉武帝为霍去病筑墓，仿祁连山，以显其平定匈奴之功。

⑩长风扫：此指"四人帮"中伤之词，无碍总理之伟大。

　　上片以山河大地、长松海岳状总理崇高品德、盖世功勋，可谓庄严伟丽，精准生动。下片写百万工农齐缟素、八表同悲的感人场面，皆笔力千钧，气壮山河。

## 平韵满江红

诸友好惠和柴市谒文山祠堂词,重有启迪,再作此阕。

一九七六年作

烈日长虹,正气贯、九重绛霄①。瞻遗象,是真男子②,能慑天骄。此地胡儿曾驻马。枕边笳角沸秋宵。对劝降来使只摇头③,心不摇。　　几朝士,歌董逃④。万义士,殉陈陶⑤。诵《零丁》诗句⑥,星月争高。自古危邦多节烈,郁孤拳石俯奔涛⑦。听儿曹、高唱大风歌,风怒号。

**注释**

①绛霄:道书所言"九霄"之一。此指布满彩云的天空。
②真男子:忽必烈赞文天祥语。
③劝降来使:南宋降帝赵㬎、降相刘梦炎均来劝降,文不屈。
④董逃:乐府歌曲名。后指董卓乱起,百姓逃亡。此用其义。
⑤陈陶:唐至德元年宰相房琯率兵讨伐安史叛军,四万将士全部战死。杜甫有《悲陈陶》诗。
⑥零丁:文天祥《过零丁洋》诗:"人生自古谁无死?留取丹心照汗青。"
⑦郁孤:台名,在江西。文天祥与元军激战之地。

此为歌颂文天祥爱国高节、宣扬正能量的一篇重头词作。它有两个突出特点:一是意象壮烈雄奇。一起四句中以白虹贯日、正气干霄与真男子能慑天骄诸语增色添彩,便将文丞相的形象最大化地凸现出来了。下片辅之以与星月争高的《零丁》诗句,俯镇狂涛的郁孤拳石,重笔刻勒,越发显示出气冲霄汉、义薄云天的精神力量。二是声情鞺鞳动人。平韵满江红,始于姜白石之巢湖送神曲,而大成于夏公北京诸作。此调以八平声押韵,结尾二字为去平、平平、上平、去平、平平、平平、平平、平平、去平。以平声与上、去相配,便有戛玉敲金之特美。能于入声韵外,创出一种集慷慨悲凉与流利动听于一体的声情,为词坛辟一新境。

## 平韵满江红

丙辰正月生朝,与无闻谈五十年前秦关旧游。

一九七六年作

马背秋光,讶扑面、千丈翠岚①。雁声送、大河东下,似谱哀弹。欲乞仙人绿玉杖,莲花瓣顶俯崤函②。恨十年、客鬓染兵尘③,清梦阑。　　星如雨,夜向残。鸡咿喔,满江关。看朝暾捧出,杲杲人寰。五岳何时同蜡屐④,二灵如画是家山⑤。好归邀、造化小儿嬉,糖担间⑥。

**注释**

①翠岚:绿色的山光。
②莲花瓣:华山形似莲花,故名。
③十年:作者自1921年离家赴北京、西安任教到1931年回到杭州,约略十年。
④蜡屐:晋阮孚常自蜡屐(以蜡涂屐上),叹曰:"未知一生当着几量屐。"
⑤二灵:雁荡山的灵峰、灵岩。
⑥糖担间:明人王季重游记云:"雁荡山是造化小儿时所作者,事事俱糖担中物。"

词写秦中旧游,重点在华山。"马背秋光,讶扑面、千丈翠岚",极写华山岚光之耸动心目。中间插入河间传来哀鸣的雁声,与纷争的兵象,笔势沉郁。然后挺接"莲花瓣顶俯崤函",词情为之一振。下片以"星如雨"诸短语串过,别饶姿色。最后归结到"二灵如画是家山。好归邀、造化小儿嬉,糖担间"。可谓掷笔天外、颠倒众生的神来之笔。

## 平韵满江红

### 赠甡翁①

一九七六年作

一笑相逢,万人海、赓歌北征②。初排闼③、皓然须鬓,握手同惊。且对扶桑伸脚睡,懒寻碣石看天横④。记十年、梦路海涛楼⑤,望夜灯。　呼小舸,学泛萍。浮大白,劝长庚。喜蓟门秋树,树树诗声。湖海才名鱼肚白⑥,家乡山影佛头青⑦。携谢家大句问苍穹⑧,谁共听?

注释

①甡(shēn)翁:词赋家黄君坦号。
②赓歌:诗歌唱和。北征:谓自杭州定居北京。杜甫有《北征》诗。
③排闼:推门而入。
④碣石:河北昌黎的地名。"天横碣石来",明李梦阳诗句。
⑤海涛楼:甡翁青岛旧居名。
⑥鱼肚白:明末金陵名士余澹心、杜茶村、白仲调,人称"鱼肚白"。
⑦佛头青:雁荡山灵峰壁上有观音洞,亦称佛头青。
⑧谢家大句:相传谢灵运有游雁荡诗作。

君坦先生为词赋名家、吟坛大老。他早年与其兄黄公渚驰名赋坛。晚年二老北京相遇,有天风海雨之快。此词写相逢之喜。"且对"以下四句极写升天跨海从游之乐,可谓开径自行之妙笔。下片"湖海才名鱼肚白,家乡山影佛头青",前指黄翁之青岛,后指作者之雁山。"鱼肚白"与"佛头青"妙对无双,堪称绝配。

## 平韵满江红

忆定庵《能令公少年行》，作梦游太湖词①。

一九七六年作

问我何归？梦之子、手拈素蘤②。重逢地、垂虹环碧③，烟景都殊。与我周旋忘我齿，令公年少揽公须。享凉风、万斛好船窗，浮具区④。　　楼百尺，书五车。鸱夷子⑤，定轩渠⑥。盍同歌越调，伴唱吴趋⑦。照夜堂头寻六客⑧，闹红花顶认双跌⑨。待招邀、三十一娉婷⑩，迎大苏⑪。

**注释**

①定庵：龚自珍别号。龚有《能令公少年行》诗。
②之子：此子，指定庵。素蘤：白莲。
③垂虹环碧：垂虹桥在吴江，环碧桥在西湖。
④具区：太湖别名。
⑤鸱夷子：范蠡灭吴后携西子泛舟太湖，号鸱夷子。
⑥轩渠：笑貌。
⑦吴趋：江苏民歌。
⑧照夜堂：东坡词："月满苕溪照夜堂，五星一老斗光芒。"指与张子野等六客夜宴吴兴之事。
⑨闹红：指赏荷花。双跌：指采莲女之赤足。
⑩三十一娉婷：国内名西湖者三十有一。
⑪大苏：东坡排行第一，曰大苏。

梦游之作，最宜抒发想象，突破时空的限制以营构灵境，表现奇情。如此作上片，梦见定庵手持白莲，邀作者坐万斛艨艟而畅游太湖，好一派神奇的灵境。下片则写登百尺楼晤范蠡、西子，相与笑乐歌舞。然后过六客堂，携白石，遍游西湖以迎东坡。八旬词老兴致之高蕴，神思之旷远，词笔之精妙，皆令人叹服。真可颉颃李白《梦游天姥》、苏学士《永遇乐·燕子楼》之作了。

## 减字木兰花

丙辰清明后七日,承北京词友邀为大觉寺之游,以病不偕,越日,晓川兄惠折杏。

一九七六年作

樱边醉嚼,长羡诗翁双铁脚①。携屐提壶,要写春游第几图②?胆瓶新杏,折供瞿昙浑不称③。招手鸾皇④,昨梦飞筇上太行⑤。

**注释**

①诗翁:指伯驹诗老。伯老曾与傅增湘于大觉寺建北梅、倚云二亭,以赏杏花。
②春游图:伯驹先生旧藏隋展子虔《游春图》。
③瞿昙:本为释迦之姓。此为自指,夏公别称瞿禅。
④鸾皇:鸾与凤。比喻贤良游伴。
⑤太行:山西山脉名。大觉寺所处阳台山为太行余脉。

清明大觉寺赏玉兰、杏花,为京中盛事。伯驹翁每岁必往,尽招文友作嬉春之游。瞿师以病不赴,作此词以报。上片称颂伯老铁腿健游,"携屐提壶,要写春游第几图",文采风流,难能可贵。下片用"招手鸾皇,昨梦飞筇上太行"句,将一片向往之心,表现得如此精彩,真有掷杖成龙、神游八极之快。

## 西江月

承丛翁邀赏牡丹，以病未赴①。

一九七六年作

北海屡乖携手②，西涯最羡比邻③。欲邀燕子迓春人④，拦路飞花不肯。　　小病亦培诗意，尺书奈阻知闻。数枝秾艳映芳尊，想见天机衮衮⑤。

注释

①丛翁：伯驹先生一字丛碧。
②乖：违背、隔阻。
③西涯：明诗人李东阳，号西涯，旧居与丛翁居处相连。
④迓：迎接。
⑤天机衮衮：谓牡丹盛开，生机无限。

以词代柬。先言不能携手赏花的遗憾。不说有病，而言飞花拦路，未能成行。措语偏涩，即所谓"陌生化"的技法。"小病亦培诗意"，此亦罕见之硬语。夏公偏于白石清刚一路，不避槎枒骨鲠，此词是也。结拍二句以"天机衮衮"收尾，则桊桊大气，全章为之生色。

## 减字木兰花

得冷生噩耗①,京洛道上作。

一九七六年作

滩声七里②,牙旷知音今已矣③。旧梦低回,白月烟篷访钓台。江湖迟暮④,不分邯郸寻梦路。莫话黄粱⑤,绕枕风雷过太行。

**注释**

①冷生:梅雨清宇。作者少年时之诗友。
②滩声七里:富春江有七里泷,与严陵相连,风景绝佳。
③牙旷:俞伯牙与师旷,皆妙解音律的著名音乐家。
④江湖迟暮:指晚年奔走道途。
⑤黄粱:黄粱梦,亦名邯郸梦。见唐沈既济《枕中记》。

此词作于 1976 年 8 月,作者避震洛阳途中,闻老友过世,悲情苦感,溢于言表。知音谢世,而当日烟篷同访之情景犹历历在目。以景述怀,倍深凄断。下片自述,风波道途,不料(不分)却正在黄粱道上,语境更为凄黯。然而生性旷达的词翁,毕竟能以理制情,吟出了"绕枕风雷过太行"的健句。

## 洞仙歌

### 游龙门谒白香山墓①

一九七六年作

秋来伊洛②,梦瓜皮双桨③,便欲浮秋到天上。向江天恣意,老杜归来,定自哂、辜负家山高唱。　　梦中诗酒会,九老图中④,倘让鲰生几龄长⑤。唤起九原听⑥,望断江南,却付与、龟儿抚掌。诵几篇、秦吟落天风⑦。笑蚓曲蛩腔⑧,自矜清响。

注释

①龙门:洛阳龙门,白居易墓园所在。
②伊洛:洛阳有伊水、洛河。
③瓜皮:小船名。
④九老图:白居易居洛阳与裴度、刘禹锡等结为九老,有香山之会。
⑤鲰生:小人之意,多用为谦称,与"不才"义同。几龄长:是说自己已比74岁的白居易年长两岁。
⑥九原:九泉地下。
⑦秦吟:指白居易的乐府诗《秦中吟》。
⑧蚓曲蛩腔:蚯蚓、蟋蟀的声腔,微不足道之意。

词翁来到洛阳,顿发怀古之幽思。他想到大诗人杜甫、白居易在这里的行藏与诗篇。在作者看来,杜甫因作品少于白居易会有点自哂吧。下片高度肯定白居易的九老诗酒之会以及著名的《秦中吟》,作者将这些歌生民之苦的作品比作浩荡天风,认为它远胜那些自矜清响的小情调的作品。从此可以看出老词人的审美情趣之崇高取向。

## 虞美人

### 潼关道中

一九七六年作

关东百里夸形势①,虎掷龙拿地。崤函京索夕阳红②,过我风窗跂脚一龙钟③。 放船砥柱无人共④,倚枕还惊梦。四围天乐与谁听⑤?夜夜万千鼙鼓大河声。

**注释**

①关东:潼关以东。
②崤函京索:崤,崤山。函,函谷关。京索,地名,在荥阳一带。
③跂(qì)脚:翘足。
④砥柱:山名,即三门峡。
⑤天乐:天奏音乐,指黄河浪声。

气象壮伟,妙于形容。在此虎掷龙拿之古战场,词人竟翘足风窗悠然度过。用笔铺垫有力,胸襟之高旷,俨然如见。

## 浣溪沙

### 过大慈恩寺登大雁塔二首①

一九七六年作

**一**

垂老登高不讳狂,七层塔顶俯秋光。小诗脱手意苍茫②。 欲唤终南来袖底,恍疑杜老在身旁。归惊灯火有光芒。

**二**

高杜前头谢不能③,老来脚力仗枝藤。看谁健句赛高鹰? 五十七年云去住④,百千万劫水奔腾。小诗且纳塔层层。

**注释**

①大慈恩寺:唐高宗为报母恩所修,故名慈恩。玄奘取经回,译经于此。褚遂良亲书圣教序、记皆在大雁塔中。
②苍茫:浩荡。
③高杜:高适、杜甫,二人皆有《登大雁塔》诗。
④五十七年:作者20多岁曾于西安任教,至此已历57年。

小词而有大境界,垂老不减少年心,是其特点。"垂老登高不讳狂""看谁健句赛高鹰",正是词翁老当益壮襟怀的展现。"欲唤终南来袖底""小诗且纳塔层层",则有驱遣造化,纳须弥于芥子的气概。刘梦得云:"片言可以明百意,坐驰可以役万里。"正此之谓。

## 玉楼春

予年二十,初游京师,寓校场五条胡同之温州会馆,后知朱彊村翁寓王半塘之四印斋,作《庚子秋词》,实在邻近之校场头条胡同。偕友往访,归成此阕。予生于庚子,正诸翁作秋词之年,距今七十六年矣[①]。

一九七六年作

攀天梦断诸词老,劫罅吟商愁打稿[②]。沧桑弹指隔千尘[③],楼阁回头悬七宝[④]。　词坛秋气谁同扫?万户朝暾红杲杲。痴龙何路瞰蓬莱[⑤],眼底冠裳横海到[⑥]。

**注释**

[①]彊村:朱孝臧号。半塘:王鹏运号。二人皆晚清词坛泰斗。王鹏运等所作《庚子秋词》,记八国联军攻陷北京的痛史。

[②]吟商:吟商刻羽,指推敲词曲。此言作《庚子秋词》。

[③]千尘:道家以一世为一尘。

[④]悬七宝:指宣武门旧城基,已建新楼。七宝楼台,指华美的建筑。

[⑤]痴龙:神龙。张岱《快园记》:"如入琅嬛福地,痴龙护门。"

[⑥]冠裳横海:时美国总统福特到京访问。

此词从历史的萦回入手,突出了今昔之不同。当年京阙沦陷时诸词老悲吟之地,如今已涌现出华丽庄严的楼台。词坛衰飒的哀吟,已换为红旭满天的豪唱。如今第一强国的总统也前来谈国事了。"痴龙""横海"皆奇横无比,令人耳目为之一新。

## 浣溪沙

### 与无闻登岳阳楼

一九七六年作

　　湖纳潇湘日夜流,同来吴楚倚高秋①。乾坤正色此层楼。　　壁上龙蛇看抱负②,酒边人物几沉浮。双鸥约我御风游③。

**注释**

①吴楚:岳阳三国时属吴,鲁肃于此建楼以阅水兵。
②壁上龙蛇:指壁间所悬范仲淹《岳阳楼记》。
③御风游:《庄子》:"列子御风而行,泠然善也。"

　　岳阳楼为长江三大名楼之首,始建于东吴。历史最长,影响最巨,形势也最为壮观。老杜有诗句云:"吴楚东南坼,乾坤日夜浮。"孟浩然亦赏其"气蒸云梦泽,波撼岳阳城"。复得范公先忧后乐之鸿篇发扬,遂令后之登临者,难于措笔。而夏公乃以"乾坤正色""壁上龙蛇"八字括之,足证此翁之胸襟胆识非同凡响也。

# 西江月

### 题天倪翁《尊闻室遗集》①

一九七六年作

黄鹤楼头听笛,相思五十年前。三湘七泽水连天,照影苍颜如见。　　惭愧杜诗未熟,空灵敢问江船②。风帘吹动五更烟,梦路望衡九面③。

**注释**

① 天倪:陈鼎忠先生之字。陈为国学大家,曾任教东北大学、中山大学。在无锡国专时与夏翁同事。

② 空灵句:杜甫有《次空灵岸》诗,地在湘潭西。

③ 望衡:古民谣"帆随湘转,望衡九面"。衡,南岳衡山。

上片言50年前游黄鹤楼时就很敬仰先生。老辈的苍颜,依稀如见。下片言自己不如陈翁精通杜诗。"望衡九面"是借喻,以表示对天倪老人的景仰。以物寄情,空灵而有高致。

## 西江月

读陈天倪翁遗集，即呈云章教授①。

一九七六年作

西去行行白雁，南归一一仓庚②。东流沟水逝无声，碧落看飞明镜③。　　昨梦岳阳楼上，逢翁诗兴纵横。打窗风雪酒初醒，拈起瓶梅自证④。

**注释**

①云章教授：姓陈，天倪翁长公子，著名学者。夏公避震南行，即由云章先生安排。
②仓庚：黄鹂。
③明镜：指朗照碧霄的明月。
④拈起瓶梅自证：此用天倪翁自叙中成句。

此词上片略言平生南北行踪。"碧落看飞明镜"，则形象地道出了光明磊落的心境。下片则言天倪翁之纵横才气与高尚品格。以斗寒盛开的瓶梅形容老人的思想境界，可谓寄情高远。夏公此次南行，居长沙三月，云章教授照护殷勤。湘中学界从者如云，大兴吟道，对以后中国韵文学会的成立并落籍于湘潭，关系甚巨。人们比之"词学南行"。

## 浣溪沙

长沙客夜，诵夏完淳集①。

一九七六年作

十七龄为旷代人，戴头谈笑入修门②。六洲万国一星辰③。小腆年光非旧腊④，大哀心事是顽民⑤。湘江昨夜月如轮⑥。

**注释**

①夏完淳：字存古，明末松江人，夏允彝子。明亡起义反清被执，不屈死，年仅17。所著《大哀赋》最著名。

②戴头：犹言提着头来，不怕砍头。见《新唐书·段秀实传》。修门：楚国都城名，后指京城。

③六洲：指世界。谓夏完淳之才华品格世界少有。

④小腆句：《尚书·大诰》"殷小腆"条，王肃云："腆，主也。殷小主，谓禄父也。"禄父，纣子武庚。此谓明已亡，而夏完淳等仍奉为国朝，不忘腊祭。

⑤顽民：不驯服之民。

⑥湘江句：《大哀赋》有句云："国亡家破，军败身全。招魂而湘江有泪，从军而蜀国无弦。"其意欲至湖南、四川一带继续抗清，但未能实现。

夏完淳受审，洪承畴以其年幼有才，欲为开脱。完淳当堂痛斥，坦然就义。夏公以"六洲万国一星辰"赞之，可谓至当。此词用典奥僻，如"戴头""小腆""顽民"云云，皆词中罕用。而夏公用之，是学人词之典型。末以"湘江昨夜月如轮"，写心中的感受，光昌伟丽，令人气壮。

## 丑奴儿

题欠呵图①

一九七六年作

江山醉颊为谁红。朝旭升东,夕照匆匆。恰衬衰翁醉颊红②。画作龙钟还自喜③。莫笑龙钟,折了长筇。再走前山一两重。

**注释**
①欠呵:打呵欠,伸懒腰。
②恰衬:恰配,恰似。
③龙钟:联绵词,衰老迟缓貌。

据"画作龙钟还自喜"看,似为自题画像之作。亦庄亦谐,有自嘲意味。"折了长筇。再走前山一两重",则其倔强不服老之形象跃然纸上。此词于律第一句失韵,应为异体。

## 浣溪沙

恳诵先翁为《河岳日星词》题耑①

一九七六年作

皓月当窗语有神。龙蛇落腕笔轮囷②。众中谁识此翁真。　共挈辛陈湖海气③,来瞻河岳日星人④。这回不负叩京门。

**注释**

①诵先:郑诵先,号砚斋,工章草。题耑:题书名。
②轮囷:盘曲而有奇气。
③挈:携。辛陈:辛弃疾、陈亮,二人词风豪放。
④河岳日星人:文天祥《正气歌》有"下则为河岳,上则为日星"语。

此词作于1976年。作者1975年到京后即谒北京文文山祠,作《平韵满江红》以抒忠义之怀,词友纷有和作,乃汇为《河岳日星词》,请诵先翁为题卷首。上片赞郑翁笔健而性真;下片言此卷精神伟烈,佳作连篇,为此番来京之重大收获。浩然正气,充塞六合,令人肃然起敬。

## 浣溪沙

### 长沙大雪

一九七六年作

高枕都忘梦有无,疏棂冻雀听歌呼①。湘天风雪在江湖。　乍讶鸾皇满空阔②,莫惊甲子在泥涂③。吟成谁画九嶷图。

**注释**
①疏棂:窗户格子。
②鸾皇:指君子。
③甲子在泥涂:泥涂,烂泥地,指困于路途。"家人忧几杖,甲子混泥涂",杜甫诗句。

此写雪景。晨醒眺目,风雪满天而冻雀啁啾,景色清奇,历历在目。作者乍逢雪景,心情欣喜,乃有凤凰高骞之壮思,而无一点泥涂困顿之伤感,足证乐观的心境。

## 浣溪沙

题天津友人孤植小筑

一九七七年作

犹胜王尼驾露车①,吟边独木几编书,能回春色到蜗庐②。如画江云和海日,相逢语燕与飞鸟。心闲到处是天居③。

**注释**

①王尼:字孝孙,城阳人。西晋名士,性豪放不羁。洛阳陷,避乱江夏。无居宅,唯畜露车,有牛一头。叹云:"沧海横流,处处不安也。"终以饿死。
②蜗庐:此指抗震小棚。
③天居:天上神仙洞府。

　　唐山地震,波及京津。友人搭小棚露宿街头。词翁以王尼露车、编书独木为喻,用典生新确切。结语"心闲到处是天居",真能转绿回黄,化苦海为乐土矣。哲人道心定力,令人佩服。

## 减字木兰花

题王船山先生《宋论》手稿，湖南博物馆藏①。

一九七七年作

六经生面②，岩壑书成关世变③。宙合苍茫④，并世相望有顾黄⑤。风云叱咤⑥，红紫江山环讲座。不待扶筇，开卷光芒见祝融⑦。

**注释**
①船山：王夫之，明末清初思想家、哲学家。
②六经生面："六经责我开生面，七尺从天乞活埋。"王夫之名联。
③岩壑：此指隐居山林，以度乱世。
④宙合：天地上下古今之谓。
⑤顾黄：顾亭林、黄梨洲。皆清初时爱国思想家。
⑥叱咤：呼叫，指挥。"咤"字出韵。当是方言。
⑦祝融：湖南衡山最高峰。

此词上片述古。一起二句推崇敢于突破经典而应时变的王船山。并将其与博通古今之顾、黄并称，是对船山思想学术贡献的充分肯定。用笔庄严隆重。下片述今，是对"四人帮"垮台以后生机满眼之形势之赞美与歌呼。"开卷光芒见祝融"，气象高奇，令人振奋。

## 浣溪沙

### 题衡岳图

一九七七年作

太华终南走百层①,年年梦路一枝藤。这回却负懒残僧②。脱手一诗随处写,何须绝顶倚崚嶒?片云来往想仪型③。

**注释**

①太华、终南:即华山与终南山,皆陕西名山。
②懒残:唐代高僧明瓒禅师之别号。性疏懒而好食芋。李泌往见,正拨火煨芋,取其半与泌,曰:"慎勿多言,领取十年宰相。"
③仪型:榜样,此指南岳与华山。

此为题画之作。字字着力,有如亲历。首言年年梦登天险百层之华山与终南。这回观赏南岳,却不能亲访懒残的遗迹,只好用诗笔以代攀登,从画中欣赏衡岳之片云与灵气了。脱手为诗,自成高逸。

## 临江仙

牲翁归自邢台,偕晓川兄过访①。

一九七七年作

抛却长筇登叠阁,共惊脚力如仙。暂同杯茗亦前缘。迎风为禹步②,踏雪过尧年③。 他日京华耆旧传④,几人名氏相联。梦中卵色五湖天⑤。烦君横寻笔⑥,画我峭帆船⑦。

**注释**
① 牲翁:黄君坦号,已见前。
② 禹步:本道家修炼之步法,此指散步。
③ 尧年:太平岁月。
④ 耆旧传:品德高卓人物的传记。
⑤ 卵色:青色。
⑥ 横寻笔:大笔如椽之意。
⑦ 峭帆:风帆。

夏老居京时与君坦翁诗书来往甚多,交谊深至。此次探访,余陪侍在侧。谈及彼此故乡逸事颇多。后三句寄托了对雁荡家山之思。愿借君彩笔,画我归船,笔致空灵而寄情要眇,是其特点。

## 减字木兰花

### 有怀西谛学兄[①]

一九七八年作

峥嵘头角，犹记儿时初放学[②]。池草飞霞，梦路还应绕永嘉[③]。百编名世[④]，十载京华携手地。杰阁秋晴，遥指层霄是去程[⑤]。

**注释**

[①]西谛：郑振铎之字。郑为文化名家，曾任文化部副部长。1958年出访开罗，以飞机失事去世。

[②]儿时初放学：作者七八岁时与西谛同为温州塾师黄筱泉先生的受业弟子。

[③]池草飞霞：谢灵运的春草池塘与飞霞洞，皆在温州城内。永嘉：温州之古称。

[④]名世：知名于世。

[⑤]层霄是去程：指郑以飞机失事而去世。

头两句起得很有奇彩，写七八岁时同向黄筱泉夫子问学情况。一位私塾先生门下，出了这样卓越的两位文学家，是非同寻常的。旋又以"池草""飞霞"烘托，更强化了此词的灵光异彩。

## 鹊桥仙

### 八十自寿寄鹭山

一九七八年作

尊前试听，门头啄剥①，醉把梅花共嚼。终南太白枕函边②，记过眼万千丘壑。　　须髯方薙，齿牙欲豁③，筋力犹堪行脚。要看人物造承平④，梦同驾巾车入洛⑤。

注释

①啄剥：敲门声。

②终南太白：终南山与太白山，在陕西，皆作者早年经行之地。枕函：枕头。此指卧室。

③薙（tì）：通"剃"。剃去须发。豁：齿豁，掉牙。

④造承平：造就太平局面。

⑤入洛：邵雍要看天下人物，晚年来到洛阳。其时富弼、司马光、吕公著等皆退居洛中，与邵雍游从甚密。

前三句言京中高客盈门，固已气象不凡。末言垂老入京，想追步邵雍之高蹈，与造就承平的英才相结识。真乃奇气干云、横绝八方之作。

## 好事近

### 题海粟翁朱笔岁寒三友图①

一九七八年作

突兀一松高,百丈横撑铁骨。夭矫风前月底②,学龙蛇飞跃。年年共守岁寒心,何物是冰雪③?昨夜新开红萼,报春来消息。

注释

①海粟:即刘海粟。朱笔:用朱砂画出。岁寒三友:松、竹、梅之别称。
②夭矫:联绵词,便捷貌。
③何物:什么东西。犹言冰雪对松、梅、竹来说,又算得了什么?语带贬意。

1978年2月,隆冬之中,海粟翁以朱砂笔绘成松竹梅岁寒三友图索所题。夏公激赏之。乃以"突兀"言其高伟,"夭矫"状其健捷,"龙蛇飞跃"赞其神态,并揭示了在岁寒高操面前,冰雪微不足道之意,因为新开的红梅正报道着春天的到来。一气呵成,而有凌厉冰霜的奇气。

## 南乡子

寄怀萧湄①

一九七八年作

且莫道寻常,一别灯楼去路长。拭目滔滔东去水,长江。本是家乡莫断肠。　小别又何妨?北海残荷剩冷香。背得阿男诗句否②?琅琅。斜日栖鸦树几行。

**注释**

①萧湄:四川女诗人。与夏公、鹭山先生有诗词交往。
②阿男:明末清初女诗人纪映淮之小字。其《咏秋柳》诗曰:"栖鸦流水点秋光,爱此萧疏树几行。"王士禛激赏之,有句云:"栖鸦流水空萧瑟,不见题诗纪阿男。"

萧湄清才秀质,深得老人器赏。此词拟之纪映淮之诗句,可知评价之高。鹭山先生在《山花子·寄酬萧湄》词中亦云:"梦中玄解有丁香,须信江湖元未隔,是心光。"则其人可知。

## 菩萨蛮

己未春,与北京诸词友游西山大觉寺。

一九七九年作

吟人尽道江南好,江南人却天涯老。客路看青峰,千峰晓霭中。绿杨芳草地,伴作寻春计。同唱醉花阴,花深杯更深。

此词作于1979年4月。与伯驹翁、任中敏、药眠、敬文、邦达、钟美、汝昌诸老八条手杖同游阳台山大觉寺,一时传为美谈。瞿老赏花北国,却引起了无尽的家山之思。"江南人却天涯老""同唱醉花阴,花深杯更深",纯用白描之语,将一缕乡思寄情于深杯浅盏之中。韦、冯客旅之情,子山乡关之思,不过如此。

## 玉楼春

己未夏，与二北、丛碧、君坦、李庵、晓川诸词友北海观荷①。

一九七九年作

吟人联袂凌空下，碧眼苍髯杯共把②。亭亭翠盖叠千幢，灼灼风裳开数朵③。　　扶筇昨梦清无价，老去还能歌叱咤。函关驴背少年游④，红旭当头看太华⑤。

**注释**

①二北：任中敏先生字。李庵：徐邦达先生号。
②碧眼：英国留学生培蒂亦参加雅集。
③翠盖：荷叶。风裳：荷花。姜白石咏荷有"水佩风裳无数"之句。
④函关：作者21岁曾过函谷关入陕西。
⑤太华：华山。

豪情巨笔，令人倾倒。"吟人联袂"二句足以凌盖一时。"函关驴背少年游，红旭当头看太华"尤为杰特。气势之雄伟，意境之高远，当推独步。

## 减字木兰花

### 纪念秋瑾烈士①

一九七九年与无闻合作

箫声剑气②,谁识骅骝千里志?力挽狂澜,翠鬈挥戈上将坛③。拚将颈血,荡涤膻腥心如铁。花发西泠,慷慨高歌风雨亭④。

**注释**

①秋瑾:号竞雄,绍兴人,杰出的女革命家。1907年发动反清起义,兵败,被杀。
②箫声剑气:箫声,文雅。剑气,雄杰。亦文亦武之谓。"一箫一剑平生意,负尽狂名十五年。"龚自珍句。
③翠鬈挥戈上将坛:用秋瑾题董榕《芝龛记》诗中"翠鬈荷戈上将坛"语。原为称颂秦良玉语,此喻女侠秋瑾烈士。
④风雨亭:在西泠桥畔,秋瑾烈士就义处。

以箫声烘托剑气,足见儒将风采。"翠鬈挥戈上将坛",尊之为秦良玉一辈女杰。用典庄严确切,恰称其题。

# 西江月

### 参观刘海粟画展①

一九七九年作

展翅鲲鹏千万里,归来云水双筇②。几回徙倚画图中,海雨天风迎送。　　赠我长松霜雪干,能教户牖生风。安排单枕矮灯红③,夜夜龙蛇飞动④。

**注释**

①刘海粟:著名画家,1979年曾在北京举办画展。
②云水双筇:指海粟夫妇归自海外,云水偕游。
③单枕矮灯:独枕低灯,写卧室陈列。
④龙蛇飞动:形容长松鳞甲宛如龙蛇。

以鲲鹏变化形容海翁之书画人生,可谓形神毕肖。单枕矮灯下欣赏龙蛇飞动的长松,铺垫有力。妙于立意,令人叹服。

## 金缕曲

寿丛翁八十,步君坦翁韵。

一九七八年作

雁语来天外。落江城①,几行醉墨,灯前光怪。词苑长城千万仞,兀立金刚不坏。欲俯视高楼湖海。红萼一枝人并倚,闹元宵,灯烛春长在。酒可饮,画休卖。　　风仪如旧流光改②。看鸥波,霜眉照影,耄期初届③。百曲霞觞赓金缕④,想像衣冠罗拜。更不必,尊前寄慨。五岳归来燕关坐,算平生还了看山债。临湖好,胜登岿⑤。

**注释**

①江城:此指长沙。1977年夏老曾旅居长沙。

②风仪:风度。

③耄期:八十、九十曰耄。此指伯老八十寿辰。

④赓金缕:步韵《金缕曲》寿词。赓:连续。

⑤岿:山之别称。

1978年元宵,为伯老八十寿辰。黄君坦先生首作《金缕曲》词为贺,海内词家纷起响应。夏公步韵和之,以"词苑长城""金刚不坏"高度肯定伯老之词宗地位。"红萼一枝人并倚"指伯老与画家潘素夫人生日相连,同期共庆。最后以五岳归来、临湖高咏作结。气象高华,寄情深远,不愧照世名篇。此后不久的1980年,二老联名上书中央,吁请成立中国韵文学会,迅获批准。对于弘扬当代诗运,功不可没。

## 减字木兰花

**鉴真法师塑像回国纪念**①

一九八〇年与无闻合作

轻舟浮渡,六次功成临彼土。愿力无边②,招手冯夷看海天③。高坛讲律④,盏盏禅灯明暗室。杖锡千家⑤,环海都开友谊花。

**注释**

①鉴真:俗姓淳于,于扬州大明寺出家。唐天宝年间东渡日本传法,第六次始成功到达。对彼方佛学与医学贡献巨大。

②愿力:佛家语,指发大心愿所获致的力量。

③冯夷:河神名。

④讲律句:指鉴真在日本传授佛家的仪轨与戒律,有如暗室之明灯。

⑤杖锡:拄着锡杖,指行脚僧手持的法器。

1980年日本僧众送鉴真大师塑像来华,供养于北京法源寺。赵朴初先生嘱写诗词为贺,乃成此措语高奇、意境宏远之作。余问"愿力"笔意,无闻师母云:荡开用笔,比较空灵,诗词不宜太实。余亦作小词应命。附录于后:"一棹沧波东渡,天花法雨纷纷。扶桑赤县证前因。心灯开别派,仁术济劳民。 弹指一声今古,山花涧水长新。万家空巷礼金身。清凉看故国,唇齿结芳邻。"师门家法,不知悟得一二否?